AF367059

El protestantismo de la Edad Moderna en Alcalá de Henares

Claudia del Val Tovar Foncillas

ISBN papel: 978-84-686-6208-4
ISBN digital: 978-84-686-6209-1
Depósito legal: M-5587-2015

Impreso en España

Editado por Bubok Publishing S.L.

AGRADECIMIENTOS

Nunca se habría podido realizar este libro sin la confianza del Dr. D. José Mª Iñurritegui Rodríguez, porque creyó en mis capacidades para la investigación en el campo de la historia, otorgándome libertad de trabajo, y principalmente, porque me apoyó en abordar este tema sobre protestantismo de la Edad Moderna en Alcalá de Henares, que otros creían imposible.

«Las hipótesis pasan, pero los hechos quedan» [1]

S. RAMÓN Y CAJAL

[1] RAMÓN Y CAJAL, S. *Reglas y consejos sobre investigación científica. Los tónicos de la voluntad*. Herederos de Santiago Ramón y Cajal. 1898 [Edición proyecto Territorio Museo del Prepirineo, Espasa Calpe, Madrid, 2000], p. 101

ÍNDICE

INTRODUCCIÓN

Los que conocemos Alcalá de Henares desde dentro, conocemos por transmisión oral muchas fábulas, anécdotas y personajes, y aunque sólo sea por curiosidad, si no se recogen se perderán en el tiempo. Lo mismo ocurre con la historia de Alcalá de Henares, si no se conserva el patrimonio histórico-artístico y si no se recoge toda la información documental y arqueológica, se perderá. Puede que no se pierda físicamente, y se conserve en alguna institución, lo triste es que se pierda de la memoria de las personas. Asimismo, uno de los mejores libros que se han escrito sobre la historia de Alcalá de Henares es la obra de Esteban Azaña[1]. Sobre éste se han basado el resto de manuales e historias de Alcalá de Henares. Sin embargo, en todas se omite el período histórico de 1520-1580 y de 1795-1815, que hacen referencia a todo lo que afecta a la heterodoxia y concretamente todo lo relacionado con el protestantismo. Pretendemos así, cubrir la laguna o el vacío temporal en la historia de la ciudad y de la Universidad complutense de Alcalá de Henares con respecto al desarrollo del protestantismo luterano en dicho lugar.

Saliendo del ámbito local, en toda la historiografía acerca de la historia del protestantismo en España, también vemos,

---

[1] AZAÑA,E. *Historia de Alcalá de Henares*. Universidad de Alcalá de Henares.1882 [Edición facsímil. Banco Hispano Americano, Madrid, 1986]

como Alcalá de Henares juega un papel importante, pero apenas se entra en profundidad a tratar el fenómeno protestante en Alcalá de Henares como estudio compacto. Siendo algo tan importante, no se ha tenido en cuenta en cincuenta años dedicados al estudio del protestantismo en España. Esta parte de la historia de Alcalá de Henares y del protestantismo en España, que hace alusión a la crítica de la Iglesia católica, y a la crítica política y social, parece ser que fue preferible omitirla, lo que unido a la falta de investigación en éste punto concreto, da lugar a su olvido. ¿Por qué no ha interesado contar esa parte de la historia? o ¿por qué ha interesado ocultar esa parte de la historia? Para responder a éstas preguntas, volvemos a la historia negra de la Inquisición española, y cómo el objetivo de extirpar el problema protestante de España no sólo influye sobre los individuos, sino también sobre los hechos históricos, haciendo de libros y documentos *tabula rasa;* de ahí que sólo nos queden como testimonios más directos los procesos de fe. Asimismo, tratar un tema, como éste que presentamos, del que nunca se ha hablado, además de las características que lo rodean, es algo eximio.

Para su desarrollo, en el presente libro hemos dividido los contenidos de la investigación en distintas etapas, con el fin de reflejar que el protestantismo en Alcalá de Henares no es algo casual, sino fruto de un proceso evolutivo. De este modo tenemos:

- Etapa Cisneriana: Hace tiempo que se apunta a Cisneros como puerta de entrada o preámbulo al protestantismo luterano en España, y por tanto ser Alcalá de Henares el núcleo de irradiación de la ideología. Desde Bataillón en 1937 hasta Werner Thomas en el 2001 se ha señalado éste punto. El primero dice así:
  «El movimiento espiritual [...]no nació del acto revolucionario de Lutero. En realidad, Cisneros [...]pertenece a la histo-

ria de la Prerreforma por toda una obra creadora que lo coloca en primera fila entre los promotores de aquella Philosophia Christi que va a entusiasmar a Europa»[2]
Igualmente Werner Thomas dice del modo siguiente:
«El ambiente creado por la labor reformadora de Cisneros abrió paradojicamente la puerta a influencias luteranas»[3]
Es por tanto el momento de desarrollar ésta cuestión, y dejar de andar en rueda de molino. Si el proyecto de Cisneros es supuestamente el origen del protestantismo, como han intuido y apuntado anteriores historiadores, consideramos explorar ese punto para darle al núcleo protestante luterano de Alcalá de Henares la misma importancia que a los focos luteranos de Valladolid o Sevilla, dentro claro está, de la historia del protestantismo, pues hablar del protestantismo en Alcalá de Henares es hablar de un foco importantísimo, con un halo de influencia, desde donde se irradia la ideología a otros lugares.

De 1499 a 1520 hablaremos del proyecto reformista de Cisneros, y cómo con la fundación de la Universidad se asientan unas bases educativas inspiradas en las corrientes más novedosas europeas y donde Erasmo forma parte de la línea de estudios teológicos. La influencia de Erasmo y la influencia del alumbradismo, casarán muy bien cuando llegue el luteranismo, convergiendo en Alcalá de Henares. Algunos sectores más afines a la Universidad de Salamanca y sobre todo, de un ala del clero espa-

---

[2] BATAILLÓN, M.. *Erasmo y España. Estudio sobre la Historia espiritual del siglo XVI.* Traducción de Antonio Alatorre. Madrid-México. Fondo de Cultura Económica, 1986, pp.1-2

[3] THOMAS, W. *La Represión del protestantismo en España 1517-1648.* Belgium. Leuven University Press, 2001, p 34.

ñol antirreformista, comienzan a realizar una campaña de equiparación malintencionada del erasmismo con el luteranismo, en la cuál, la Universidad de Alcalá se ve afectada. Aquí, también investigamos si había algún interés económico por desprestigiar a una Universidad que se estaba poniendo de moda.

Lo que si va a ser muy importante es el período de cambio entre la etapa cisneriana y el período de Carlos V, pues se produce una importantísima interrelación de pensamientos e ideologías del pasado franciscano y alumbrado y del presente erasmista y luterano. De aquí nacen los análisis sobre el protestantismo español, que apuntan por primera vez el concepto de *pre-luterano*. Son los historiadores extranjeros como Alastair, Hamilton y Selke, que habiendo transcrito y analizado profundamente los procesos de los alumbrados, son los primeros en considerarlos preluteranos. Hamilton lo propone en su introducción al proceso de Bivar a modo de pregunta retórica «*¿Puede considerarse el dejamiento una vía mística, o hay que considerarla como una forma de preluteranismo, un abandonarse totalmente a la voluntad de Dios que excluye cualquier esfuerzo del albedrío?*»[4]

Por tanto, veremos como a lo largo del siglo XVI se suceden los distintos acontecimientos, el desarrollo de unos hechos, y situación final, o cómo es Alcalá de Henares y su Universidad desde los primeros tiempos cisnerianos y erasmistas hasta la implantación de las normas de la Contrarreforma.

- Etapa Carolina y de Felipe II: Aquí hay que tener en cuenta la nueva política antiprotestante que toma la mo-

---

[4] HAMILTON,A. El proceso de Rodrigo de Bivar (1539) Madrid. Fundación Universitaria Española. 1979, p. 9

narquía debido a los sucesos en Europa, y para llevar a cabo ese control dentro del Imperio, el Santo Oficio va a ser un brazo de aplicación de esa política, haciendo una busca y captura de todo signo de luteranismo hacia 1530 y acentuándose hasta 1580. Por ello, aquí entramos a descubrir, cómo vive esta situación Alcalá de Henares y su Universidad, los procesos de fe que se llevan a acabo contra vecinos, estudiantes, o ambos, de la villa complutense, y como es la entrada de la Inquisición en la Universidad y en las imprentas alcalaínas. Así, pasamos a ver cuales y cómo son los focos clandestinos de luteranismo y que radio de conexiones con otras poblaciones cercanas hay, además de ver la influencia o relación del luteranismo con estudiantes internacionales, especialmente de la Universidad de Alcalá, que se mueven y trabajan por Europa.

- Etapa de la Contrarreforma: Entramos en una nueva fase de Alcalá de Henares, donde vemos la nueva situación de la Universidad de Alcalá en el siglo XVII, potencialmente dominada por los preceptos contrarreformistas, y donde está, aparentemente controlada y extirpada, la herética creencia evangélica. Este apartado hay que tomarlo como un período puente entre el siglo XVI y la nueva etapa de cambio que vendrá a continuación. Tal vez, ese período intermedio es más «tranquilo» en lo que respecta a detenciones, pero nos queda una semilla literaria que a veces podía huir, con astucia e imaginación, del control inquisitorial.
La heterodoxia revivirá en Alcalá de Henares en el siglo XVIII. No será la misma línea, sino floreciendo, a través de una nueva línea de importación europea franco-anglicana.

- Etapa Borbónica: En el siglo XVIII entramos en una nueva fase. Tiene cierta complejidad, pues se tratan unas heterodoxias, jacobinismo, jansenismo y francmasonería, que tienen una originaria base protestante, que llegan a España por vía europea y que se asientan en el contexto político y socio-cultural de los Borbones. Aparecen en a Alcalá de Henares esas heterodoxias, y aunque la Universidad ya no gozaba de su mejor momento, hacen florecer los mismos movimientos que en el siglo XVI. Es en el siglo XVIII cuando encontramos una serie de obras y autores, bastante famosos entre los procesos de fe de los complutenses del dieciocho, relacionados con las filosofías de pensamiento de origen francés, las cuales tienen un supuesto origen protestante fraguado en pensadores calvinistas o en países de tradición evangélica o anglicana, ligadas a la Ilustración, al jansenismo, al jacobinismo, al anticlericalismo, a la francmasonería, a la crítica política y la defensa de los derechos civiles y de una nueva estructura de Estado. Todo ello, va a suponer un renacimiento del protestantismo español, el cuál progresará en el siglo XIX. Será analizando las obras incautadas más que los procesos en sí, las que nos servirán de comprensión de este resurgir protestante.

Por otra parte, en el presente libro no solamente vamos a entrar en aspectos políticos, sino también en la historia social e ideológica. Acercarnos a la sociedad, las creencias y los pensamientos para comprender la globalidad de los hechos históricos. Una visión de la vida en aquella época, qué papel jugaban las personas, no necesariamente eminencias, también los vecinos del lugar, e intentar describir el ambiente que se respiraba. En algunos de los procesos inquisitoriales se describe la vida de algunos vecinos de Alcalá de Henares, su relación con el protestantismo luterano y su relación con los libros prohibidos, lo que nos indica que debemos mostrar la relación de una población con el ambiente intelectual de la Universidad, pero también mostrar el miedo de la sociedad a ser condenados por leer y tener ideas de tipo religioso y político.

Además, intentamos demostrar la existencia de protestantismo luterano en Alcalá de Henares a través de la exploración de los procesos inquisitoriales acaecidos en Alcalá y a sus habitantes. Después, tratamos el florecimiento de ese protestantismo alcalaíno en el siglo XVIII, no para verlo únicamente de modo independiente al siglo dieciocho sino analizándolo con los hechos del XVI. Por tanto, entramos en una interesantísima comparación y relación de etapas históricas con el fin de globalizar y entenderlo todo en un conjunto de gran importancia histórica, y así entender el protestantismo de Alcalá de Henares durante la Edad Moderna, en toda su evolución y transformación por las distintas épocas.

Quisiéramos también, hacer notar en esta introducción la importancia de las fuentes documentales primarias. Si antes decíamos, que el éxito, en cuanto a reconocimiento de Valladolid y Sevilla como principales ciudades de desarrollo evangélico, se debe a que se ha dedicado un gran interés en analizar los procesos inquisitoriales acaecidos allí, ahora trataremos los procesos inquisitoriales sobre protestantismo en Alcalá de Henares. No nos importan tanto los aspectos jurídicos de la época, sino centrar más la atención en: de qué personajes de Alcalá de Henares se trata, en qué época son acusados, qué ideología influye más y principalmente, según los datos de los procesos, ver hasta que punto se describe la doctrina evangélica.

En la primera parte del siglo XVI, algunos de los personajes están tratados hasta la saciedad por otros historiadores. Se han focalizado demasiado en el período de 1530-1555, cuando se desarrollan los primeros procesos inquisitoriales, y no se ha prestado tanta atención a los procesos del período de Felipe II, concretamente los de Alcalá de Henares nunca antes habían sido conocidos. De éste modo, en la primera mitad de siglo

XVI, trataremos distintos personajes. La familia de los Vergara, una familia tan importante como influyente, siendo el más conocido Juan de Vergara por su trabajo en la Biblia Políglota y como secretario de Cisneros, pero lo que nos importa es el funcionamiento de ésta familia en Alcalá de Henares, las relaciones entre hermanos y a su vez de éstos con otros alumbradistas. Estas relaciones, entre familiares y conocidos, nos demostrarán una red de personas muy implicadas en la causa de la reforma. Entre estos contactos está Miguel Eguía, emparentado con Arnao Guillen de Brocar, impresor de la Políglota en Alcalá, y de quién también hablamos, pues era el impresor principal en Alcalá, movía toda la industria de la Universidad y publicó los libros más importantes. Si la familia de los Vergara era importante, también lo eran los Valdés. No eran autóctonos de la villa pero Juan y Fernando se formaron en la Universidad de Alcalá de Henares. Daremos una visión muy distinta de ambos puesto que son hermanos muy diferentes, pero, trataremos la figura de Juan como un hombre realmente comprometido con su propia idea de reforma. A un nivel muy distinto, dentro de los estamentos de la sociedad, está Petronila Lucena. Es también importante ver la participación femenina en los movimientos reformistas e intelectuales. De ésta mujer nos sorprende su implicación con el protestantismo, cómo llega a salvarse del proceso de fe y sobretodo, como representa esa diferencia e incluso enfrentamiento, que se produce entre erasmistas y luteranos. Además, Juan López Celaín y Rodrigo de Bivar, van a ser dos religiosos muy parecidos a Petronila, aunque de uno no tenemos tanta información como del otro, a pesar de que hubo una relación entre ellos. Lo más importante de estos dos, es como mientras uno representa la figura del pastor evangélico, el otro, está tan convencido de la doctrina protestante que la aplica y la expresa sin preocuparle el miedo a lo que otros piensen.

Respecto a la segunda mitad del siglo XVI, durante el reinado de Felipe II, los procesos inquisitoriales que van a acome-

terse a vecinos de Alcalá de Henares son varios. El proceso de
fe a los sacristanes de la Iglesia de Santa María, Pedro Garnica,
Pedro López y Hernando. A la vez que ejercían de sacristanes,
estaban de estudiantes en Alcalá de Henares. Su juventud nos
muestra su inconformismo a las injustas leyes de la Inquisición.
Por su parte, Rodrigo de Bivar «el Mozo», influenciado por su
padre el clérigo Rodigo de Bivar, también reo de la inquisición. Demostró ser hijo de su padre defendiendo las mismas
ideas que su progenitor, pero del mismo modo cargando con la
misma culpa injusta. Rafael Roca, pintor estante en Alcalá de
Henares, es uno de los personajes más asombrosos, por su proceso inédito y de los más completos, pues el personaje expresa
un mayor número de puntos de la doctrina protestante. En
último lugar, Juan de Vergara, no sabemos si sus raíces son de
la reputada familia de Juan de Vergara, pues era un apellido
muy complutense, hay varios Juan de Vergara en Alcalá de
Henares, que son prácticamente coetáneos y que puede llevar
a confusión. En este caso, era un joven perteneciente a una
familia de clase media-baja, que trabajaba como *obligado del
aceite*. Se le acusará como encubridor de herejes pero realmente, dentro de su proceso, se habla de otro personaje, quien nos
muestra las proposiciones heréticas que amaba.

También, dentro de esta etapa, hay documentos inéditos
sobre historia del protestantismo en España, donde se ve claramente hasta dónde llega la mano del Santo Oficio y cómo se
ve obligada la Universidad de Alcalá de Henares a colaborar
para limpiar de herejía bibliotecas, imprentas y estudiantes.

En última instancia, respecto al período Borbónico en Alcalá de Henares, y qué tipo de heterodoxia de base protestante
encontramos en Alcalá de Henares, marca un antes y un después el proceso de fe contra Ventura Tajonera. El último proceso conocido, acaecido en Alcalá de Henares y calificado
como luteranismo, y que revivirá la incertidumbre y la desconfianza de la Inquisición, nuevamente sobre los estudiantes de

Alcalá de Henares, de los cuáles citaremos algunos ejemplos que también se encuentran entre los legajos de la Inquisición, desde finales de siglo XVIII e incluso principios del XIX.

Finalmente, el protestantismo en Alcalá de Henares se cita en muchas fuentes como algo anecdótico, por tanto, retomamos de la investigación en historia local, no para repetir lo mismo, sino para ensamblar el eslabón que faltaba y no dejar descolgado un punto fundamental para comprender la religión evangélica en España y además, salvar ese hueco que faltaba en la historia de Alcalá de Henares. Así, presentamos *El protestantismo de la Edad Moderna en Alcalá de Henares*, con la misma importancia que tuvieron Valladolid y Sevilla. Para ello, recurrimos a las fuentes documentales y una ingente recopilación bibliográfica, y tocamos diferentes ámbitos, situaciones y personajes históricos de importancia local, nacional y universal, que se juntan en Alcalá de Henares, en una época concreta que no deja de admirarnos.

Capítulo I:
CONCEPTOS PREVIOS

Hablar de apostasía en la España del Renacimiento no es fácil por muchas razones. Es una época de cambios en todos los aspectos, los cuales las personas de la época moderna viven y asimilan basándose en la razón y en la ciencia, y por tanto son personas críticas con todo aquello que les parece ilógico o con lo que no están de acuerdo. La figura del humanista va a estar ahí para sumarse contendiente y espiritualmente a la reforma de la Iglesia y de la sociedad en su conjunto. En el caso concreto del cisma de la Iglesia, los humanistas, religiosos o laicos, van a jugar un papel relevante tanto en el momento previo al Concilio de Trento, siendo críticos con la Iglesia y exigiendo cambios y limpieza dentro de su seno; como en la etapa posterior de la Contrarreforma, distinguiéndose entre humanistas protestantes y católicos. Asimismo, durante todo ese proceso de la etapa reformista a la contrarreformista, vamos a ver como nacen y se desarrollan tres tipos de ideologías; erasmismo, luteranismo, que provienen de centro Europa, y alumbradismo, mas autóctona de España, pero todas parten de la misma semilla,el humanista reformador.

Antes de que se hablara de los reformadores Erasmo y Lutero, había otros tanto o más importantes, como es el caso del Cardenal Cisneros en España, o en Italia, la figura de Savonarolla. En el caso de España, Cisneros presenta unos principios claves en la reforma del clero español, idea que luego se desarrollaría en la opinión colectiva con la llegada del pensamiento erasmista y luterano.

Por otra parte, y en el caso concreto de España, se había impuesto el catolicismo por la fuerza a una sociedad que por sí misma, por su naturaleza, era variopinta y heterogénea en cuestiones culturales y religiosas, con los musulmanes y judíos que aún aguantaban, conversos, y católicos con distintos modos de expresar su fe como los alumbrados, y que ahora se amplia con la llegada de las nuevas corrientes filosófico teológicas. *«En efecto, erasmismo, franciscanismo e iluminismo tendían a confundirse entre sí con frecuencia. Si añadimos la penetración luterana y la afición a los estudios bíblicos de determinados círculos intelectuales y católicos, tendremos un panorama bastante complejo de la espiritualidad humanista del XVI que, evidentemente, no tuvo al erasmismo como único protagonista»* [1]

Así, la sociedad se complica aún más plurireligiosamente, pero no es aceptado ni por el Emperador ni por ninguno de los Papas del *Cinquecento*, y la Inquisición pasa a ser el mecanismo de control civil y de las herejías, con especial fuerza y presencia en España durante varios siglos, lo que fomentará la difusión de la historia negra de España.

1. Las corrientes heterodoxas principales en España durante el siglo XVI

1.1. *Erasmismo*

Llegó a convertirse en una filosofía que nace de Erasmo de Rotterdam (Róterdam 28 Octubre 1466-12 Julio 1536) *«Una voz que arrastró a otras muchas voces»* [2] Un concepto que se

---

[1] ROMERO TABARES, I. «El pensamiento erasmista. Su aportación a la cultura y a la sociedad españolas del siglo XVI» *Cuadernos sobre Vico*,4,(1994) p. 153

[2] ROMERO TABARES, I. *Idem* p. 149

debe al nombre, la popularidad y la reputación de un sólo hombre. Humanista polifacético con inquietudes políticas, religiosas y científicas, cuyas obras toman fama por su pluma irónica, donde expresa lo que piensa, y su dominio del latín, mostrando su concepto de uso y aplicación del lenguaje.

Gracias a la imprenta Erasmo llega a casi todos los rincones de Europa y del Nuevo Mundo, especialmente su Nuevo Testamento, origen de la Biblia protestante. Los ideales teológicos que difundió, es visto como el germen de dos problemas distintos pero a la vez relacionados:

- Por una parte se considera el origen del protestantismo en Europa, como se ha dicho popularmente; *«Erasmo incuba el huevo de la serpiente: la reforma de Lutero»*[3]. De hecho, si analizamos bien su pensamiento y sus obras nos damos cuenta de que muchos de los planteamientos son los que luego se han asentado como principios evangelistas. Por ejemplo, en el rechazo a las imágenes y objetos de culto, reliquias u exvotos. Geert considera que son innecesarias y toma como explicación o justificación un principio neoplatónico por el cuál lo visible es la materia y lo invisible es lo espiritual[4]. También propuso un control de las indulgencias y del culto a los santos,[5] porque había derivado a prácticas politeístas. Y por supuesto,

---

[3] MARTÍNEZ,P y GARCÍA,B. «sobre Erasmo y el arte religioso. Erasmo y la cuestión de las imágenes», en *Erasmo en España: La recepción del Humanismo en el primer Renacimiento español.* Escuelas Menores de la Universidad de Salamanca 26 de septiembre de 2002 - 6 de enero de 2003. Sociedad Estatal para la Acción Cultural Exterior, 2002, pp. 30-49,aquí p.30.

[4] MARTINEZ, P y GARCÍA,B. *Idem*, pp. 31-33

[5] Me refiero a control,y no ha prohibición como ocurre en el protestantismo, pues el mismo Erasmo tenia una predilección especial por San Jerónimo- patrón de impresores, traductores y lingüistas- y por San Pablo.

tiene un rechazo clarísimo al lujo, al despilfarro y la obscenidad a la que había llegado la Iglesia, y considera transformarla tomando como base la *Philosophia Christi*, proponiendo un modelo, más teológico y racional de las instituciones eclesiásticas y de las Sagradas Escrituras.

- Por otra, también se considera la causa de enemistad entre protestantes y católicos. Los católicos romperán con Erasmo, pero los protestantes también romperán con él debido a ciertas diferencias entre Erasmo y Lutero. Primero, los modos de aplicar la reforma no eran los mismos, *«una cosa era la brega por la reforma necesaria, por el retorno a Cristo, tan oscurecido, y otra (que no iba con Erasmo) la ruptura violenta de la cristiandad»* [6] Erasmo en un principio elogió a Lutero hasta que éste quiso involucrarlo en un movimiento que no había creado, por lo que pronto empezaron los desprestigios mutuos. Segundo, Erasmo siempre respetaría los dos poderes, aunque distintos, el orden político, y el espiritual, con el Papa (y eso no quita para que lanzara sus críticas contra ambos) Por lo tanto es un error considerar al erasmismo como herejía, como bien lo define Jacobo Sanz Hermida: *«Los erasmistas no eran herejes, pero sí ortodoxos antidogmáticos que no dudaban en posicionarse en contra de los inquisidores»* [7]

Respecto a dicho aspecto de querer confundirlos, lo aclaramos más adelante en el capítulo III.

---

[6] EGUIDO,T. «Las relaciones de Lutero y Erasmo en el marco de la Reforma» en *Op.Cit*, 59-70,aquí en p.60

[7] SANZ HERMIDA,J. «La imprenta y la difusión de la espiritualidad erasmista», en *Op. Cit*, pp. 129-140,aquí p.139.

Otra de las facetas, a parte de la de teólogo, era la de politólogo. Contemporáneo de todas las políticas entre los Estados modernos, los cuales sólo deseaban imponerse y aplicar el «Orden Europeo» sin ningún escrúpulo, llevó a Erasmo a criticar tanto a los príncipes como al Papa, y a posicionarse sólo por la conciliación entre los pueblos; la paz como la única que de verdad garantiza la unidad de los pueblos y en definitiva la unidad de la cristiandad. Su pensamiento irenista ofreció una figura de gobernante moderno contraria a la que nos propuso Maquiavelo, y tan moderna que parecería actual.

> *« [...]el anacronismo de las ideas políticas del humanista Erasmo de Rotterdam ha pasado ha cobrar una nueva actualidad [...]clarísimas directrices de nuestra política actual [...]Esto también explica por qué Erasmo y los humanistas que durante años fueron considerados personajes un poco extravagantes[...]nos parecen hoy mucho más actuales que Maquiavelo,Lutero o Ignacio de Loyola, cuyas teorías basadas en el fraccionamiento intelectual o político y en la actuación del poder prevalecen durante siglos»* [8]

En España Desiderius levantó un gran fervor, no solamente en la población sino entre la Corte de Carlos V, siendo Alcalá de Henares, por su Universidad y todo lo acontecido allí, un núcleo de fermentación y divulgación del erasmismo extraordinario.

Hay que decir que, muchos conversos se sentirán identificados con los movimientos reformistas, siendo muy aficionados a las obras de Erasmo de Rotterdam, pues de éste emanaba un sentido de tolerancia y de verdadero cristianismo, entendido como sentimiento de humanidad, amor y humildad. Además, para Geert *«la tradición cristiana y la rabínica*

---

[8] HEINZ,SCH. «Erasmo y las fuerzas políticas de su época» en *Op. Cit*,pp. 70-81,aquí p. 79

entrelazadas inspiraban la reforma espiritual»[9]. Incluso, se podría ver una relación entre el judaísmo sefardí, exiliado en Holanda durante el siglo XVII, con el erasmismo racionalista.

El erasmismo en España va a convertirse en una filosofía que se compensa y se entremezcla con otras corrientes heterodoxas, pero con el paso del tiempo y de los acontecimientos se le criticaría a Carlos V la benignidad con la que había tolerado la difusión de los libros erasmistas, pues de algún modo permitió el conocimiento del luteranismo. En España, el erasmismo pasará rápidamente de estar en boga a convertirse en una herejía, persiguiéndose conjuntamente con el protestantismo y con el alumbradismo español.

1.2. Protestantismo luterano

Ya hemos dejado entrever algunas trazas sobre la persona de Lutero, que nada tiene que ver con Erasmo. Lo que sí es cierto, es que el nuevo concepto teológico «protestantismo luterano o luteranismo» se debe a la predicación de Martín Lutero (Eisleben 10 Noviembre 1483-18 Febrero 1546) fraile y teólogo agustino de origen alemán, que en un principio partió de un deseo reformista por cambiar la Iglesia pero acabó siendo impulsor de su propia doctrina religiosa, y por tanto impulsor del cisma de la Iglesia Católica. El 31 de Octubre de 1517, momento en que Lutero clava en la puerta de la catedral de Wittember sus 95 tesis, es considerado el día del nacimiento del protestantismo luterano. En las tesis se vislumbra toda su doctrina, la cual nace como un ataque y un rechazo, no sólo a

---

[9] ROMERO TABARES, I. *Ibídem*

la Iglesia sino también a aquello que ha dominado la educación teológica, que son el aristotelismo y la escolástica.

A modo de epítome los dogmas del protestantismo luterano son:

- Rechazo del Papa como institución divina. Ruptura radical con Roma. Es el momento de aplicar la doctrina protestante, pero para ello había que asentar las bases de una Iglesia alemana.
- *Sola Fide.* Es la Justificación por la fe «solamente» siempre y cuando hagamos firme y tengamos profunda fe en Jesucristo, *Solo Cristo.* De este modo, si cometemos pecado o no, Cristo es el único que puede justificarnos, es lo que Lutero llama *Sola Gratia.* Los tres son postulados que se complementan.
- Otra de las premisas es la *Sola Scriptura.* Lo único con valor son las escrituras, las cuales pueden ser leídas y entendidas por cualquier creyente sin la necesidad de intermediarios. Aquí, fue fundamental el uso de la imprenta, que editó la Biblia luterana en la lengua germánica. Además supuso un descenso del analfabetismo importante, al ser de necesario cumplimiento que los fieles empezaran a leer la Biblia desde muy temprana edad.
- Rechazo de la venta de diezmos e indulgencias. Lutero consideraba que las indulgencias eran una forma falsa y simplista de salvarse del pecado y obtener el perdón de Cristo. Se habían mercantilizado; quien más poder tenia para pagar sus pecados más posibilidades tenía de estar en el cielo; pero no es así, sólo Dios enjuicia al pecador. Lo mismo ocurre con las buenas obras, como dice Lutero en su Tesis 40 *«No nos hacemos buenos por hacer cosas buenas; sino que cuando hemos sido buenos, realizamos ac-*

tos buenos» [10] Una tesis que va a calar profundamente en la filosofía germano kantiana.

- Niega el purgatorio, pues una vez que morimos ya no hay posibilidad de que nuestros pecados sean perdonados y por tanto no existe el purgatorio. Iremos al cielo si en vida si tenemos justificada por Dios nuestra fe en Jesucristo. Esto es, nuestra fe y nuestra conducta de buen cristiano se demuestra en vida y no cuando uno ya está muerto.

- Sacramentos: Solamente Bautismo y Eucaristía. Luego llegó a negar también el bautismo considerando que no fue otorgado por Cristo. De ahí la corriente anabaptista que rechaza el bautismo y no considera que sea para limpiar el pecado, cuando es imposible que ningún recién nacido pueda pecar. Respecto a la Eucaristía, hay que decir que en la liturgia, Lutero niega la transustanciación, es decir, que no cree en una metamorfosis milagrosa del pan y el vino en Dios, sino que Dios simplemente está ahí, entre nosotros y con nosotros. El concepto contrario utilizado por los protestantes es el de consustanciación (aunque es un termino posterior nunca usado por Lutero) Esto enlaza también con el hecho de que las iglesias y parroquias evangélicas sean muy austeras y sencillas, por el rechazo de las imágenes y objetos sagrados, los cuales no representan a Dios.

- Esta nueva religión dio pie a un modelo cultural y social muy marcado que se aprecia mucho en las vestimenta y las costumbres de las comunidades protestantes, que se definen por la austeridad. Los pastores tienen la posibilidad de casarse, de hecho Lutero se desposó con Catalina

---

[10] ATKINSON,J. *Lutero y el nacimiento del protestantismo*. Traducción de Ana de la Cámara. Madrid. Alianza Editorial 1980. pp. 148-149

von Bora, y también tienen permitido realizar actividades económicas por el bien de su parroquia o comunidad. Aquí se agarrará Calvino para construir su teocracia y el nacimiento del sistema capitalista posmoderno.

Dicho lo cual, hay que recordar que el cisma religioso se convirtió rápidamente en un problema político. A pesar del Edicto de Worms (1521) en el que fue condenado, Lutero predicará por toda Alemania entre 1522 y 1524 con la protección de los príncipes Alemanes. El hecho de romper con el Papa y con la Iglesia de Roma, también suponía romper con el Emperador y su Sacro Imperio Romano Germánico, pasando así a un cisma político y una defensa del nacionalismo germánico que los príncipes alemanes apoyaron por intereses propios, aunque eso supusiera una continuidad de guerras políticas, como la Guerra de Campesinos entre 1525-1540, que en un principio no era algo que entraba en los planes de Lutero, pero así fue como se forma Alemania como Estado independiente, con su propia estructura eclesiástica a través de las Iglesias territoriales, que se consolidaría con la Concordia de Witemberg (1536).

Las guerras con los protestantes se sucederían a lo largo del tiempo, siendo una de las pesadillas más largas de la Corona española, e incluso una preocupación mayor que el miedo musulmán. Además, éste cisma de la Iglesia también se le fue a Lutero de las manos, produciéndose múltiples cismas o divisiones dentro del mismo protestantismo, como el calvinismo, el anglicanismo, el presbiterianismo, el anabaptismo o el antitrinitarismo, todos diferentes entre sí pero consideradas también heterodoxias por la Iglesia católico-romana.

Todos estos cambios políticos y teológicos fueron más allá de las predicaciones de Lutero, como explica Atkinson: «*Lutero está condenado por sus propias palabras [...] Los campesinos contemporáneos de Lutero le interpretaron mal. Sus enemigos le*

interpretaron mal. Incluso muchos de sus amigos le malinterpreta-
ron, Lutero se prestaba a las malas interpretaciones en este momen-
to más que en ningún otro» [11]

En España el interés por Lutero y el luteranismo viene de la mano del erasmismo y en consecuencia de un creciente deseo por estar en la coyuntura de todo lo que ocurría en Europa. En ningún momento se puede hablar de Iglesia reformada, aunque sí tuvimos reformadores mucho antes que Lutero y Erasmo. Además, hubo personas aisladas o pequeños grupos de personas que intentaron realizar un movimiento reformista en imitación al alemán, pero sin tanto eco social ni tanta libertad de divulgación, pues el control del la Inquisición les obligaba a estar en el oscurantismo y la clandestinidad.

1.3. Iluminismo o Alumbradismo

Es una corriente religiosa originaria de España, que nace de Isabel de la Cruz entre 1509-1512 y que se adelanta al luteranismo como ya apuntaban, Menendez Pelayo, Bataillón o Andrés Melquiades, por las raíces medievales que se han visto en sus dogmas. Empero, nos indica que había un sentimiento religioso nuevo a nivel social y de renovación de las instituciones en varias regiones de Europa durante la Época Moderna, y que no es algo proveniente única y exclusivamente de Alemania. Pero por el hecho de suceder en España y de haber sido su precursora una mujer, no se le ha dado la importancia que se merece, a diferencia de Erasmo y Lutero que «están en los altares» a pesar de que defendieron los mismos ideales que Isabel.

---

[11] ATKINSON,J. *Op. Cit.* p.269

Coincide con la época del franciscanismo y del proyecto de reforma cisneriana, un dato importante para comprender la atmósfera religiosa que se respiraba. Los más jóvenes alumbrados coinciden con la llegada del erasmismo, con lo que evidentemente conectan con facilidad y se sienten identificados. Sabemos que los alumbrados tienen relaciones con erasmistas y con protestantes españoles conjuntamente dentro de un círculo geográfico muy concreto; todo se mueve entre Alcalá de Henares, Guadalajara, Escalona, Pastrana, Toledo, Ocaña, y un círculo social muy muy hermético; Isabel conoce a Juan de Vergara, Bernardino Tovar y María Cazalla, entre otros. Se ha considerado secta, pero nos recuerda a una vuelta al cristianismo primitivo de las catacumbas, pues ellos defendían ese primer cristianismo más limpio y sincero. Por otra parte, hay que considerar el factor miedo en el que vivían, no les quedaba más remedio que reunirse en la clandestinidad, con gente de confianza y de las mismas ideas, si no querían acabar apresados por la Inquisición.

El alumbradismo atraía la atención de mujeres, conversos, y a quienes como dijimos también les gustaba mucho el erasmismo, los franciscanos y recogidos. Aquí hay que puntualizar un dato que diferencian A. Melquiades y Bataillón, y es, no confundir alumbradismo con recogimiento: «*Ambos insisten en la interioridad[...]pero para los recogidos son medio de ir a Dios, para los alumbrados, ataduras*» [12].

Tampoco se puede decir que los alumbrados tengan un corpus fijo, por una parte no asentaron sus principios por escrito, aunque parece ser que Isabel si estaba escribiendo un libro que

<hr>

[12] FOLEY, A. «El alumbradismo y sus posibles orígenes», AIH, *Actas VIII*(1983) pp. 527-528. Citado en BATAILLÓN, M. *Erasmo y España. Estudio sobre la Historia espiritual del siglo XVI*. Traducción de Antonio Alatorre. Madrid-México. Fondo de Cultura Económica, 1986, pp. 176-177

no vio la luz[13], y varían las opiniones sobre el alumbradismo incluso entre ellos mismos. En cualquier caso, y de modo muy elemental, los puntos fundamentales que definirían el alumbradismo serían:

- Es real el amor de Dios que sentimos cuando nos invade el alma, más real incluso que en el pan y el vino (los sacramentos) Para ello hay que llegar a un estado metafísico en el cuál el cuerpo se queda en el mundo material, donde están las banalidades, y nuestra alma asciende[14]. Asimismo, la práctica espiritual debe ser interior o privada.
- Por eso también hay un rechazo claro de los intermediarios o intérpretes. Toda persona pueden interpretar las Sagradas Escrituras con el amor de Dios, y del mismo modo hay un rechazo de las prácticas religiosas públicas como la oración vocal o misa.
- Rechazan por tanto las *ataduras*, todo lo que ata al cuerpo, que lo encadena al mundo físico, a lo tangible como el culto a las imágenes, que rechazan rotundamente. Son ataduras los clérigos, que quieren interpretar nuestra fe y que nos quieren llevar «atados» como un amo lleva a su perro. Son ataduras también la eucaristía como habíamos dicho en el segundo punto, pues no nos deja tener esa relación íntima y personal con Dios.
- Repugnan los ayunos, las abstinencias y cualquier tipo de mortificaciones[15] pues este tipo de actos, consideran, no ser la mejor forma de llegar a Dios, mas bien son una forma falsa de hacernos pasar por «buenos»

[13] FOLEY,A. Idem. p. 532

[14] SANTIAGO OTERO,H. «En torno a los alumbrados del reino de Toledo»,*Salmanticensis*,2, (1955) p. 630

[15] SANTIAGO OTERO,H. *Idem*, p.639

- No creen en el pecado en sí, sino que el pecado nace de la mala voluntad, es decir que quien prefiere seguir su voluntad, entendida como los malos instintos o los intereses personales y egoístas, en vez de la voluntad de Dios[16]. Dentro del pecado hay que destacar un hecho curioso y es que los alumbrados no consideraban pecado besarse o tener contacto carnal, pues se justifica con que el amor (platónico o/y carnal) es voluntad de Dios[17]. Aunque ellos no lo definen, pero no son nada cristocéntricos y miran más por las relaciones humanas de la vida. Hay también aquí cierta antisacramentalidad del matrimonio, que se intuirá en el erasmismo y que reflejó luego el luteranismo al aceptar sólo la eucaristía.
- En relación con lo anterior, es lógico que rechacen la excomulgación. No ven en ella ningún sentido. Si cualquier acto que se hace es voluntad de Dios no es malo, y en cualquier caso sería Dios, y nada más, quien debería juzgarlo.
- No aceptan el infierno, pues el alma no puede por lógica ascender a un estado espiritual negativo o doloroso o de algún modo malo.
- Rechazan las indulgencias, forman parte de esas ataduras que corrompen tanto el cuerpo como el alma. Fue uno de los aspectos que pedían se renovara dentro de las instituciones eclesiásticas. Aunque en estas, como hemos explicado antes respecto a los intermediarios, tampoco creen, lo ven como un elemento inútil para ser y vivir como un buen cristiano.

---

[16] SANTIAGO OTERO,H. *Idem.* p. 635
[17] SANTIAGO OTERO,H. *Idem*, p.637

Como vemos son claras las similitudes con el luteranismo y como explica Santiago Otero: « *Es cierto que la reforma luterana encuentra en el iluminismo español el terreno mejor abonado para sembrar sus doctrinas heréticas. Algunos al mismo tiempo que alumbrados eran verdaderos discípulos de Lutero. En los procesos de la Inquisición, sobre todo a partir de 1530, se acusa a los procesados de iluminismo y protestantismo a la vez; y en el edicto de 1525 varias proposiciones se censuran expresamente como luteranas*» [18]. A veces, en las detenciones, ni los inquisidores saben como calificarlos, pues la línea que diferencia a unos de otros es muy fina, y dudaban entre si eran claramente alumbradistas o eran luteranos o erasmistas, aunque al final los reducían y englobaban a todos bajo el yugo de *hereje o dejado*.

2. Relación del humanismo con las corrientes heterodoxas

Es indudable que existe una relación entre el Humanismo y las corrientes heterodoxas, basta con establecer la relación entre los puntos comunes. Dilthey, erudito alemán que estudió la hermenéutica, decía que «*Sin Humanismo no hay Reforma*». Esta frase resumiría lo que estamos intentando desarrollar en éste apartado y para lo cuál también nos vamos a ver necesitados de aplicar la hermenéutica.

Los conocidos como humanistas, el tópico de hombre del Renacimiento, eran individuos con un nivel de estudios y de cultura que les permitía acceder a todos los grandes autores clásicos, griegos y latinos, por los que tenían una especial predilección. Comprender al humanista supone analizar esa parte de orador greco-romano con su otra mitad medieval en la cual

[18] SANTIAGO OTERO,H. *Idem.* P.640

Jesucristo colma su vida, pero como decimos, una vida entendida desde una filosofía clásica. Es el humanista un individuo que vive en un mundo de cambios y descubrimientos, lo que le hace volverse a un estado más racional a la hora de conocer el mundo que le rodea, quiere estudiarlo empíricamente, y eso le acerca más a la naturaleza, entre la cuál se encuentra el ser humano, al que quiere estudiar y conocer físicamente (como Miguel Servet cuando descubre la circulación sanguínea o los estudios de medicina de Leonardo Da Vinci) y espiritualmente, que es el caso de Erasmo, Lutero o Isabel de la Cruz. A pesar de su tendencia antropocentrista, no dejó de ser un hombre religioso, en realidad era profundamente religioso, lo que le llevó a profundas crisis de fe o por el contrario a sentir exaltados estados de éxtasis místico; por ambas razones, se sentía impulsado a conocer desde sus orígenes la palabra de Dios, volver al período de predicación de Jesús, y para ello había que seguir el camino de los textos antiguos. Así nace el interés por el biblismo.

Con el biblismo, al igual que con los textos clásicos, era fundamental dominar el latín, el griego, el hebreo e incluso arameo, aunque no todos conocían todas las lenguas. En cualquier caso, el objetivo no era una mera lectura de los textos, incluido las Sagradas Escrituras, sino darles una proyección filológica e histórica más profunda, que consistía en identificar las fuentes originales de los apócrifos, comprender, interpretar, comentar y traducir a la lengua vulgar. Los humanistas que entraban en estos estudios a nivel académico o por voluntad propia, sacaron sus conclusiones e interpretaciones respecto al Cristianismo, que relacionaban con toda la filosofía clásica que habían absorbido. El platonismo, junto al estoicismo y el epicureísmo, toman el testigo frente al aristotelismo y la escolástica medievalista. Aquí, hay una relación importante con las heterodoxias. Por ejemplo, en el caso del epicureísmo y del estoicismo, dan importancia a la moral del hombre[19], aunque también con matices entre ambos respecto a esa moral. El epicureísmo y el estoicismo son fundamentales para entender la moral cristiana. Siguiendo la razón, y no los deseos e instintos pasionales, tu alma puede desatarse de lo material y alcanzar la libertad. Pero la ataraxia, según cada planteamiento, tiene disimilitudes respecto a la distinción de los deseos. Esto es importante a la hora de comprender distintos tipos de cristianismo. Había también humanistas que abrazan el estoicismo para comprender la moral cristiana. La gran virtud consistía en alejarse de deseos materiales (aunque no es tan específico como el epicureísmo respecto a distinto tipo de deseos) Otro aspecto importante es su concepción teológica del *Logos*. Para un cristiano estoico de época moderna, Dios está en todas las cosas, de este modo no es necesario representarlo en ninguna figura material, como planteaban por ejemplo los protestantes. Epicuro, como decíamos, sí consideraba que había placeres naturales necesarios para la vida del hombre, pero esta cuestión no fue bien entendido por todos. Petrarca ya acusaba de herejía al epicureísmo, pues *«Para Petrarca la felicidad que Epicuro coloca en el placer no sería felicidad alguna sino más bien una "extrema miseria" que pone al hombre a la altura de los animales»*[20]. Volverá a ser esta filosofía analizada por Erasmo de Rotterdam, quien ve en ella un buen ejemplo a tener en cuenta para definir la moral cristiana. *«Erasmo es otro autor que se distingue por intentar aproximar el epicureísmo al Cristiano[…]El joven Erasmo se ocupa de este tema en su epístola De contemptu mundi en la que no duda en concebir como "epicúreo" el estilo de vida de los monjes. Se asumen determinadas limitaciones y privaciones pero con ello se*

---

[19] GINZO FERNÁNDEZ,A. *El legado clásico*. Universidad de Alcalá. 2002,pp.24-27

[20] GINZO FERNÁNDEZ,A. *Op. Cit*, p. 44.

*evitan males mayores. Hacia el final de su vida Erasmo vuelve so-
bre esta cuestión. Ello ocurre en el diálogo final de los Coloquios
donde ofrece un resumen de su visión de la philosophia Christi, no
dudando en referirse a Cristo como "Epicureus", mostrando que el
Cristianismo está más abierto al problema de la felicidad de lo que
podría estar el rigorismo estoico.[…]En sintonía con ello los buenos
cristianos vendrían a ser los auténticos epicúreos.»* [21].Será pues asi-
milada, a través del erasmismo, pero volverá a caer en la herejía y será difícil de volver a retomar. Sólo Quevedo escribirá,
sin importarle la Inquisición su *Defensa de Epicuro contra la
común opinión* [22].

Otra filosofía de origen clásico, muy imperante en el Renacimiento, es el escepticismo. Los humanistas por sí mismos
son de un humor intranquilo, rebelde, dispuesto a objetar a
partir de sus razonamientos, pues en esta filosofía cualquier
argumento es susceptible de réplica. No es de extrañar, por
tanto el inconformismo y la tensión en las disputas teológicas
que va a situarse en los bandos católico y protestante, reformista y contrarreformista, sin llegar a un punto de acuerdo. Es
el caso de las luchas entre Lutero y Erasmo o entre Calvino y
Servet, contestaciones de uno a otro a través de largos episodios epistolares o mediante obras tediosas en su realización
antes de ser impresas. Sin embargo, el escepticismo en un
hombre del Renacimiento, no significaba ser un hombre negativo e inseguro, mas bien alguien muy seguro de sí mismo y de
sus principios, que se reafirma en ellos, los defiende y los lleva
a sus últimas consecuencias. Por ejemplo Miguel Servet muere
en la hoguera tras agotar la paciencia de Calvino, a quien Servet había hundido toda su teoría teocrática y le había desman-

[21] GINZO FERNÁNDEZ,A. *Op.Cit*, pp. 46-47

[22] QUEVEDO,F. *Defensa de Epicuro contra la común opinión*. Edición
de Eduardo Acosta Méndez. Madrid. Tecnos. 1986

telado la política que tenía entre manos bajo la tapadera de la Religión.

Hay que tener en cuenta que, a pesar de esta simbiosis, el hecho de que un humanista llevase a la práctica un modelo filosófico de origen clásico, no es una defensa de una filosofía u otra sino que a través de ella, los humanistas distinguían *«dos formas distintas de comprender la naturaleza del Cristianismo»*.[23] Así tenemos tanto humanistas católicos como protestantes.

A pesar de las similitudes entre erasmismo, luteranismo y alumbradismo, desarrolladas por los humanistas, lo que parecía que podían ser corrientes hermanadas terminó en una separación del humanismo erasmista con respecto al protestantismo luterano.

3. Erasmismo, germen del protestantismo en Europa. La opinión contraria de Erasmo de Rotterdam

Nos parece importante incidir en los puntos en común y en contra entre Erasmo y Lutero con el afán de aclarar al lector las diferencias entre ellos, ya que en España vamos a ver que se produce una mezcla de ambos por diferentes vías con distintos intereses, pero que al final, y a pesar de sus diferencias, Erasmo será tratado del mismo modo tanto para elogiarlo como para su persecución.

Cuando hemos explicado los distintos términos; erasmismo, luteranismo y alumbradismo, establecíamos aquellos aspectos dogmáticos que tomó el protestantismo de Erasmo de Rotterdam y los hizo suyos para levantar una nueva doctrina religiosa. Sin embargo, no fue grato para Erasmo que sus ideas se ligaran al luteranismo, y menos en un momento político tan

[23] GINZO FERNÁNDEZ, A. *Ibídem.*

delicado. Fue algo que Erasmo no previno. En España es donde más se produce ese fenómeno de confusión. Un país como España donde sus obras cosechaban tantos éxitos pasaron al fracaso más estrepitoso, a pesar incluso, de las continuas cartas de Erasmo al Emperador donde hacía saber su rechazo a Lutero. A pesar de la lucha de Erasmo por defender su postura, ya nada haría cambiar a la gente su idea de que Erasmo era tanto o más culpable que Lutero. Erasmo va a tener que defenderse de los dardos envenenados de católicos ortodoxos como Diego López de Zuñiga[24], por un lado, porque le acusa de hereje, y contra Lutero por otro, que le acusa prácticamente hipócrita desleal. Erasmo nunca negó lo que hizo y lo que defendió, pero por ello tampoco iba a ponerse del lado de algo que no le parecía bien; y del mismo modo, y a pesar de que terminó rechazando el protestantismo, tampoco tenía por qué retractarse de las críticas que en el pasado dio a la Iglesia por su mal comportamiento. Asimismo, Erasmo, entre la espada y la pared, se queda en su posición neutral, pacífica y leal a sí mismo.

Dicho conflicto fue muy insistente en un corto período de tiempo, siendo temas centrales de su discusión la providencia y la predestinación. Se desarrolló de el siguiente modo: En 1521 publica *De Libero arbitrio* y *Apologiae*. Aquí contesta a ambas partes, tanto a Lutero como Zuñiga. En la primera obra se trata el tema de la libertad del hombre o libre albedrío. Erasmo considera que el hombre es responsable de su destino según sus decisiones, siendo susceptible de pecar, pero puede pedir ayuda a Dios para no equivocarse en sus pasos. Independiente-

[24] Diego Lopez de Zúñiga (muere en Nápoles en 1531) Doctorado en la Universidad Complutense de Alcalá de Henares, donde participó en la realización de la Biblia Políglota por su dominio de las lenguas clásicas, especialmente el griego, y también el hebreo. Llegó a ser muy conocido su enfrentamiento con Erasmo.

mente del comentario teológico, parece una forma sutil de decir a Lutero que está a tiempo de rectificar (tal vez por eso se lo tomó tan mal) *Apologiae* por su parte, es más una respuesta a Zuñiga por las continuas críticas que este le hace a su Nuevo Testamento, y por su propaganda maliciosa y malintencionada de asociarle al luteranismo. En 1525 Lutero contesta a Geert con *De servio arbitrio* donde arremete contra el holandés. Aquí Lutero refuta a Erasmo el tema de la libertad del individuo; según Lutero, la voluntad del ser humano no es libre, sino que está dirigida por Dios o por Satanás. Al año siguiente, en 1526 Desiderius publicó *Hyperastes* contra Lutero. Implacable, ya sería cogido con odio por los luteranos. Gordon Rupp lo explica así: «*[…]about his preference for the «paths of Skeptics». In the Hyperaspistes he put up convincing defence. He had merely asserted the right of men to be uncommited, where doctrine had not been thoroughly and formally defined by the Church»*[25] Además Gordon considera que no solo hay diferencias de opinión teológica y de actuación, sino un desagrado personal de Erasmo a Lutero. «*Part of his antipathy to Luther is, surely, because he saw in him a typical mendicant theologian, with all the loud violences of the breed.*»[26] Del mismo modo, a Lutero le repugnaba ese tufo de escolástica tradicional en Erasmo que se apreciaba en su opinión sobre la predestinación. «*[…]Erasmus thinks essentially along traditional Scholastic lives, while Luther does not. In spite of his well-known distaste for Scholastic subtleties Erasmus presuppose the metaphysical dualism of «nature» and «supernature» on which all Scholastic thinking rest, and in term of which the relation between man and God, human nature and divine grace is construc-*

---

[25] GORDON RUPP,E. SAVILLE WATSON,PH. *Luther and Erasmus: Free Will and Salvation.* Lousville, Kentucky(EE.UU) Westminster John Knox press, p.2

[26] GORDON RUPP,E. SAVILLE WATSON,PH. *Op.Cit*, p.7

ted. Luthe on the other hand, takes much more seriously a quite difference dualism, namely that of God and the devil. » [27]

Después de su última obra Erasmo sentía que ya lo había dicho todo, cansado por la edad sólo buscaba la tranquilidad de morir, solo y libre a la vez, como él mismo decía.

4. El protestantismo como movimiento social de *protesta* en la Edad Moderna

Si habíamos dicho que el humanista es un hombre con libertad de pensamiento y capacidad para juzgar por si mismo como abogaba Erasmo de Rotterdam, es evidente que no va a ser una persona conformista, sino más bien inconformista con todo aquello que considera injusto, irracional, y/o perjudicial. Pero el modo de llevar a la acción su inconformismo puede ser de diferente modo, activo o pasivo, pacífico o violento. Otro de los rasgos que diferenciaban a Erasmo de Lutero.

La historiografía marxista ha visto el origen del movimiento social de protesta en el siglo XVI, cuando se produce el cisma de la Iglesia, de ahí el termino protestante, porque protesta contra unos dogmas impuestos. Para que se produzca un movimiento de tal magnitud, es necesario un impulso por parte de los intelectuales (Lutero, Melanchthon, Reuchlin, Montesquieu, Rousseau) y las masas sociales, que serán las que den la fuerza de empuje, como por ejemplo ocurrió en la Guerra de los campesinos de 1525. Otro de los rasgos importantes de éstas masas es su sentido de unión. Lo que les une es el signo de identidad colectiva, que en éste caso eran dos; por una parte su fuerte sentimiento nacionalista alemán, y por otra la nueva fe que profesaban todos, el protestantismo. Para conseguir que

[27] GORDON RUPP, E. SAVILLE WATSON, PH. *Op.Cit*, p 14

esa unión religiosa fuera aún más fuerte, pues aún el protestantismo estaba fresco, fue fundamental la peregrinación de Lutero por todo el territorio, donde el típico pregón del pastor protestante es fundamental como herramienta psicológica sobre esas masas que van a salir a defender la unión del grupo. Y también, muy conocido modo de protesta, reivindicación y a la vez presión que ejercen las masas sociales, fue la propaganda, pues gracias a la imprenta, se difundían imágenes y panfletos persuasivos tanto de la parte protestante como por la parte contrarreformista católica.

Como en todo movimiento social de protesta, se perseguían unos objetivos. En dicha situación ya se llegaba tarde a la reforma de la Iglesia. El Concilio, pedido ansiadamente, no llegaba y cuando llegó ya era tarde, Lutero perdió la paciencia, y aunque se realizara, sabía que ya no se realizaría respetando sus ideas, y no estaba dispuesto a continuar con el mismo modelo, quería unos cambios que Roma no le iba a dar; y de hecho, no se le dio, pues el Concilio que se realizaría con Paulo III entre 1545-1563 y con Pío IV marcaría claramente las directrices contrarreformistas. Así que la protesta inicial por la reforma se tornó en una reivindicación; la aceptación de la nueva e independiente identidad religiosa del pueblo germano-protestante. Tal y como hemos explicado en otras ocasiones, al final nos encontramos con un gran problema político entre Estados. La fuerte postura de las masas protestantes, apoyadas por los príncipes alemanes pusieron al Emperador Carlos V en un difícil aprieto en cuanto al sostenimiento del Imperio, bajo una misma religión. Problema que se propagó por Europa como un cáncer, y a Carlos V le salieron problemas como en los Países Bajos, en Francia o en Inglaterra. En Castilla, ya existía un problema de estabilidad interna, la revuelta de los comuneros de 1520, que coincidirá con los movimientos en Wittemberg, y que de alguna manera coincidían en poner entre las cuerdas al Emperador, y se le exigían cambios. En ambos casos veían que tener un imperio tan grande repercutiría económicamente en los Estados, de ahí el reforzarse en un nacionalismo. Asimismo, la protesta social era el rasgo común entre Alemania y en España. *«[…]the anti-inquisitorial tone adopted by the Comuneros is evidence that the embers of this debate had not been entirely extinguished. In the middle of the war there was still distrust of the Inquisition in many parts of Castille[…]In fact, Reformation arrived at a very opportune moment as much for the Imperial forces locked in their struggle with the Comuneros as for the Tribunal of the Faith which quickly discovered a new heresy[…]»* [28] Ciertamente, el sentimiento de semejanza entre la sociedad castellana con lo sucedido en Alemania, impulsó mucho a reforzarse en su alumbradismo erasmista y a escuchar la voz de Lutero.

Otra forma de protesta social es la clandestina a través de grupos activistas. Esta va a ser la principal forma de lucha que se va a desarrollar en España, siendo Alcalá de Henares un foco oculto de vital importancia. Difícil era pensar cambiar algo con la Inquisición, pero sí era una forma de propagación. Su forma de protesta o lucha era la diseminación de otra fe a través de su enseñanza, pero una enseñanza oculta. Es lo que se conoce como el activismo clandestino. En Alcalá, conocemos, a través de los procesos de fe, los protestantes y los alumbradistas pseudoprotestantes, que participaban en ese activismo clandestino. Por un lado, personas de un estatus destacable, con educación; por ejemplo, el ilustrísimo Juan de Vergara, y por otra los peones de las imprentas, y otros grupos sociales mas humildes pero sabían leer y escribir, e incluso algunos con conocimientos, por su trabajo, de griego y latín. Por otra parte,

---

[28] CONTRERAS,J.: «The impact of Protestantisme in Spain 1520-1600», en HALICZER, S. *Inquisition and Society in Early Modern Europe.* London. Croomhelm, 1987, pp. 47-63, aquí pp. 48-49

también existen los activistas individuales. En la protesta indi-
vidualizada, el individuo defiende sus principios frente a los
ajenos, y se mantiene firme. Por poner un ejemplo claro, la
introducción que Francisco Enzinas hace en su traducción al
Castellano del Nuevo Testamento. En su lectura nos damos
cuenta cómo se enfrenta pacíficamente, desde el razonamien-
to, al mismísimo Emperador.

> *«[…]Y si de Dios viene esto, hago os faver, que ni vosotros, ni
> hombre del mundo podrá impedir que yo vaya adelante. Por que
> hazer otra cosa paresÇeria querer pelear cotra la voluntad de Dios, y
> lo que él tiene determinado que se haga.*
>
> *Estas palabras he pensado conmigo muchas vezes S.M. Y como
> he visto que ya pasa de veinte años que anda esta pelea, y muchas
> vezes y con mucha diligenÇia han procurado algunos hombres movi-
> dos con buen zelo, que no se imprimiesen semejantes libros[…]salen
> nuevas y nuevas versiones y esto en todos los Reinos y tierras Chris-
> tianos […]*
>
> *La segunda razon S.M que me ha movido ha sido la honrra de
> nuestra naÇion Española, a la qual muchas otras tratan mal de pala-
> bra, y se rien della eneste caso[…]no hay ninguna naÇio, en cuanto yo
> sepa, a la qual no sea permitido leer en su lengua los libros sagrados[…]
> Sola queda España rincon y remate de Europa […]Y pues en todo pre-
> sumen ser los primeros, y con razon no se por que enesto, que es lo
> principal, no son niaun los postreros. Puesno les falta ingenio, ni jui-
> zio,ni doztrina y la lengua es la mejor (a mi juicio) de las vulgares,o, alo
> menos no hay otra mejor…»* [29]

[29] ENZINAS,F. El nueuo testamento de nuestro redemptor y saluador
Iesu Christo. «Enveres en casa de Estevan Mierdmanno». 1543. [BNE,
sign. U/8477] En: http://bdh-rd.bne.es/viewer.vm?id=0000043345&page=1
(Consultado el 4/2/2014)

A pesar de la etapa de sometimiento del siglo XVII, el movimiento protesta y el protestantismo unidos, vuelve a renacer en el siglo XVIII o Siglo de las Luces. Ahora los movimientos de protesta se mueven más en la política y no tanto en lo religioso, pero como veremos, habrá muchos puntos en común con el siglo XVI e incluso, las ideologías que remueven a las masas en la lucha o movimiento protesta provienen en su mayoría de Francia y de raíces calvinistas. Los grupos de personas que protestan son simpatizantes del protestantismo y en algunos casos se convierten al protestantismo, también harán sus movimientos y difusión ideológica a través de grupos clandestinos cerrados, como las *logias*, pero esta vez políticamente más poderosos. Los movimientos protesta de ésta última etapa que vamos a tratar, obtendrá avances a nivel social, político e histórico, y su relación con el liberalismo, persuadirá con el tiempo, y como decimos, desde la política, al despotismo monárquico.

Capítulo II:
EL PROYECTO HUMANISTA DE CISNEROS. LA UNIVERSIDAD DE ALCALÁ COMO VÍA DE ACCESO AL PROTESTANTISMO

1. La Reforma cisneriana en España

Puede que no se pueda hablar de reforma protestante pero sí de reforma cisneriana. Bataillon decía en el prólogo a la traducción española de su libro, *«juzgo cada vez más insuficiente el capítulo de introducción dedicado a la época de Cisneros»*[1] y es una conclusión a la que han llegado autores actuales. Como decía Werner Thomas *«el ambiente creado por la labor reformadora de Cisneros abrió paradojicamente la puerta a influencias luteranas.»*[2] Asimismo hemos decidido desarrollar un capítulo como éste.

La reforma cisneriana se puede entender como una fase previa a la reforma protestante, fundamental para ver que no fue Lutero quien traerá a España el cambio religioso, sino que dicho cambio nació aquí mismo, denominándose alumbradismo. Otra cosa es, que con los avatares del tiempo se hermanara con el luteranismo. Empero, hay historiadores, como José García Oro que considera, que a lo que llamamos reforma cisneriana, es solo un termino, que en realidad sería *« un episodio de la reforma del clero llevada a cabo en el período de los Reyes*

---

[1] BATAILLON, M. *Op.Cit.* p.XIII del prólogo
[2] THOMAS, W. *Op. Cit*, p. 34

49

Católicos» [3]. En cualquier caso, fue un cambio crucial, únicamente llevado a cabo por Cisneros, por lo que es digno que se haga decir Reforma cisneriana.

Isabel la Católica tuvo una relación especial con Cisneros. Además de ser su confesor personal, Isabel, junto con Juana,y ocasionalmente Don Fernando de Aragón, pasaban largas estancias en Alcalá de Henares; de hecho nacería en Alcalá el hijo de Juana, el Infante Fernando I de Habsburgo en 1503. Pero lo que más unía a Cisneros con la reina Isabel era la defensa de una religión más mística e interiorizada; y aunque Fernando no compartía ese tipo de religiosidad, también veía en Cisneros la persona con la capacidad idónea para llevar a cabo difíciles tareas como la de inquisidor general, la regencia tras la muerte de Isabel y también la regencia hasta la mayoría de edad de Carlos V. Todavía, Cisneros llevaría a su cargo otras importantes empresas, como son; la reforma del clero español, la guerra de Oran, y su mayor ilusión, y por la que tanto luchó, la fundación del Colegio de San Ildefonso de Alcalá de Henares.

En cuanto a lo que nos atañe dentro de ésta reforma, hay que decir que Cisneros fue un hombre que se vio afectado por una «crisis espiritual» durante su juventud, y decide consagrarse de la Orden de San Francisco, retirándose a uno de sus monasterios de Toledo, El Castañar y mas tarde La Salceda. Es muy curioso como Alvar Gomez de Castro describe esa crisis de fe, los actos descritos recuerdan mucho al comportamiento de los alumbrados:

> *«[…] sólo él estaba descontento de sí mismo. En efecto, su espíritu,deseoso de las cosas divinas en las que se había refugiado como*

---

[3] GARCÍA ORO, J. *Cisneros y la Reforma del clero español en tiempos de los Reyes Católicos*. Madrid. CSIC, 1971, p. 172

en un muy seguro apartamiento de los negocios tumultuosos de la vida pública, no podía tolerar el dispendio de casi todo el tiempo en asuntos mezquinos. Por eso, en sus meditaciones suspiraba con la conversación continua con Dios, sin poder con todo, encontrar el modo de liberarse del cargo aceptado y recobrar su antigua libertad. Así que comenzó a soñar con el monacato,[…] Así, reconfortaba su alma con la lectura sagrada y entregado a los rezos,[…]casi abstraído por completo de los sentidos, era arrebatado a las regiones celestiales.» [4]

Conocida la Orden desde dentro, otro de los pasos de la reforma fue transformar la orden franciscana. Estaba dividida entonces en dos tipos, conventuales, que vivían bastante bien económicamente; y por otro lado los franciscanos observantes, donde había estado Cisneros, y que no gozaban de tanto prestigio ni de propiedades tan opulentas. Quería que los conventuales siguieran reglas de pobreza, y que esa misma praxis se siguiera en el resto de conventos. Para dicha tarea, le ayudó la reina Isabel con su pleno apoyo. Esto también se describe en la biografía de su coetáneo Gómez de Castro[5], aunque hemos preferido tomar otro fragmento de la obra, que describe el mismo problema que sentirán Lutero y Erasmo a cerca de la degradación eclesiástica, y del que Cisneros se dio cuenta muchísimo antes.

«Pues él había empezado a tratar con la reina con sumo empeño para que, […]procurara que por medio de varones selectos y probos se llevara a cabo la corrección de costumbres y volviera la antigua

[4] GÓMEZ DE CASTRO, A. *De las hazañas de Francisco Jiménez de Cisneros*, Alcalá,1569 [Edición facsímil. Fundación Universitaria Española, Clásicos olvidados 7. Madrid, 1984 Traducción y notas de José Oroz Reta] pp.36-38
[5] GÓMEZ DE CASTRO,A. *Op.Cit*, p.44

disciplina a todos los monasterios del reino, tanto de varones como de mujeres. Se quejaba de que en todas partes se había debilitado la pureza del monacato primitivo, sobre todo entre sus frailes menores, los cuales si al principio habían tenido una muy estrecha y santa disciplina, mas tarde al corromperse y degenerarse habían caído en una indisciplina muy grande y deshonrosa.» [6]

Paradojicamente a la pobreza que se predica, se impulsó la teología y la vida seglar, por tanto, eso repercutiría notablemente en Alcalá de Henares donde se fundarían importantes conventos. Se fundaron pues en Alcalá, el convento de San Juan de la Penitencia (1508) de orden franciscana, el Beaterio de de Clarisas de San Diego, popularmente conocidas como «las almendreras» (1515) y el convento de Santa Clara(1515). Esto, junto a la creación de la Universidad, daría a Alcalá un cambio espectacular al dotar a la villa de grandeza urbanística, y con ello se empezó a mover el motor económico del lugar [7].

Si hay otro dato importante es la recuperación del rito mozárabe o rito hispano durante la misa, era un rito cantado (lo que le asemeja al judaico) más místico,que usaron los primeros hispano-romanos cristianos y posteriormente visigodos, pero la costumbre se fue perdiendo con la homogeneidad del rito romano en toda Europa. La costumbre se perdió en la mayor parte de la sociedad. Interesado por la recuperación de las buenas y verdaderas costumbres, decidió conservarlo para su estudio y conocimiento. También nos parece que aquí se adelanta a Erasmo, o al menos tienen similitud de pareceres por su pensamiento humanista, de querer entender el rito primitivo, el cristianismo de los principios, tomando como referente los

---

[6] GOMEZ DE CASTRO,A. *Ibídem.*
[7] ENRÍQUEZ DE SALAMANCA, C. *Crónica de Alcalá de Henares.* Madrid. Instituto Nacional de Administración Pública, 1983, pp. 77-80

textos más antiguos; la única diferencia con respecto a Erasmo es que Cisneros toma como referencia la tradición española. Así podemos leerlo en su biografía[8]:

> *«[…]Consistió en la restauración de la liturgia Mozárabe, mientras permanecía en Toledo[…]Jiménez, sin embargo, decidió visitar la Biblioteca de la Catedral, pues tenía noticias de que se guardaban en ella muchos códices de venerable antigüedad, sobre todo manuscritos. Dicha Biblioteca la encontró instalada en un recinto incomodo y mezquino, pues carecía de luz y aire un tanto puro; asimismo estaba equipada con cicatería de libros, a pesar de que las rentas tan cuantiosas, de que estaba dotada la Fabrica del templo, podían sin esfuerzo ponerla al nivel de la Vaticana […][9] El Arzobispo de Toledo, no debe contentarse simplemente con predicar al pueblo, confirmar con óleo santo a los niños según el rito cristiano y distribuir limosnas, o recorrer los pueblos de su Diócesis y visitar los templos[…]y ayudar según sus recursos, a las Letras; en fin, corregir las costumbres depravadas, declarar la guerra a todo tipo de vicios y extirparlos por completo desde la raíz[10]*

Y continua diciendo:

> *«Mas, volvamos a la Biblioteca de la Catedral de Toledo[…]pues bien, Jiménez tras haber tenido acceso a tales volúmenes[…]juzgó ser*

[8] GÓMEZ DE CASTRO,A. *Op.Cit*, p.121-126

[9] He incluido también esta parte del texto para que se lea cómo el biógrafo hace hincapié en la mala situación de las bibliotecas y archivos que con el tiempo Cisneros mejoraría. Por otra parte, hace notar el escritor la corrupción de una institución, que recibiendo notables sumas de dinero para el arreglo de la biblioteca, no invierte ni la limosna.

[10] Aquí el escritor marca el punto de diferencia de Cisneros con respecto a los anteriores Arzobispos. Muestra como la actitud de reformador va dentro del deseo de una persona dispuesta a ello, pues no vale con sacar leyes sino dar ejemplo de hombre reformado al que todos puedan seguir.

una grave injusticia el que ceremonias tan santas de los antiguos his-
panos[…]hubieran caído en tal desuso, que parecía iban a desapare-
cer de un momento a otro. Reflexionó sobre el problema con mayor
profundidad y, siendo como era tan aficionado a las ceremonias anti-
guas, se cuidó de la restauración de los Ritos Mozárabes. Reunió a
todos los peritos en la materia, y dispuso que todos los libros de aque-
llos ritos sagrados, escritos en caracteres góticos, fuesen puestos en
caracteres corrientes, y se imprimiesen.» [11]

Esto nos lleva a preguntarnos ¿Que tenían los Salmos para que Cisneros tuviera un amor especial por ellos y le llenasen espiritualmente?, ¿ésta nueva costumbre influye en conversos y alumbrados, y posteriormente en protestantes?. Los salmos o poesías salmódicas eran composiciones lírico-musicales, para la oración de origen hebreo, siendo los más famosos los salmos de David y Salomón. El mismo Jesucristo era de origen hebreo y por tanto, es lógico, que los primeros cristianos realizaran los ritos cristianos en imitación al rito judío que era el familiar. Cisneros, como los auténticos humanistas, se interesa por aquello que enlaza con la tradición hebrea, la más pura con Jesucristo, al igual que hizo San Jerónimo. El canto en los ritos o canto salmódico es también muy habitual en la tradición musulmana, por lo que no es extraño que, entre judíos, musulmanes, y primitivos cristianos, se desarrollara una tradición salmódica autóctona. Aquí, es probable, pensamos, que el deseo de Cisneros de recuperar esta tradición sirvió, por una parte, para integrar a los conversos al rito cristiano sin desarraigarles de sus orígenes, y por otra, devolver a los cristianos

[11] Efectivamente, y como sigue contando en la biografía de Gómez de Castro, se hicieron nuevas versiones y se guardaron en un capilla que se construyó a tal efecto, la capilla del *Corpus Christi*. Además ordenó a unos sacerdotes, que él denominó Hermanos Mozárabes, que se ocupasen de cantar la liturgia siguiendo el rito mozárabe.

desarraigados a sus verdaderos orígenes. También, al ser obras Sagradas, también se conocen como manuscritos iluminados. Hay estudios que han intentado ver una relación entre la música y el simbolismo místico de los versos. Cisneros, sentía con los salmos una ayuda espiritual que otros franciscanos también tomaron como modo de ascensión, y por parte de ellos tomaron el ejemplo los alumbrados. Por ejemplo, Santa Juana de la Cruz, franciscana protegida de Cisneros, que ayudó a éste a desarrollar la reforma en conventos femeninos, impulsó también la oración oral como medio personal de llegar espiritualmente a Dios, centrada sobretodo en la oración del rosario, parecida a la salmódica, y la oración del ángel de la guarda, cuya tradición también está en el Lailah o ángel de la tradición del Talmud.

Así, por simple evolución e influencia, estas costumbres abiertas con Cisneros sirvieron para la fácil absorción de lo que luego vendría de Europa, siendo los conversos, alumbrados y humanistas-erasmistas los mas proclives a simpatizar entre ellos y a la conversión posterior al luteranismo en España.

Hay que decir que Cisneros no se quedó en una mera organización y regularización conventual. Fue un inquisidor que marcará diferencias; licenciado en Derecho, se preocupó por la jurisdicción de los tribunales, que ordenó por distritos. Además dio orden a los fondos de los archivos, como hizo con la biblioteca de la Catedral de Toledo, lo que facilitó la gestión de los registros de los expedientes inquisitoriales; y también la orden a todas las parroquias de registrar a todos los niños bautizados y guardar los libros bautismales en los archivos parroquiales. Por lo demás, a pesar de que marcaría en su vida el multitudinario bautismo de moros y judíos, no suele ser conocido por ser un inquisidor de autos de fe, más bien un hombre bastante tolerante como se verá en la permisividad de los estudios en la Universidad.

Pero su reforma no se podía quedar sólo en España, debía de realizarse también en Roma, y también llevó allí su proyecto de «*Reformatio in Capite*» [12]. Sólo Cisneros tenía el afán por reformar la curia y la Iglesia, por eso mismo (a parte de otros favores políticos[13] que el cardenal hizo al rey aragonés) Fernando le propondría, junto a Julio II, como aspirante a ocupar la silla pontificia[14], otorgándole el capelo cardenalicio que aparecerá en el escudo de Cisneros. Era un hombre Cisneros que estaba a favor de perder competencias políticas (lo que daría más autonomía política a los Estados) en acrecentamiento de compensaciones por parte de los príncipes y de una mejora en la conducta moral de los religiosos.

Otra de las columnas del cisnerianismo sería la fundación del Colegio de San Ildefonso, al igual que la creación de la Biblia Políglota, que al ser unos temas de mayor amplitud, le hemos dedicado los apartados que vienen a continuación.

2. La fundación de la Universidad cisneriana de Alcalá de Henares

Ya existía una tradición educativa en la villa de Alcalá cuando Sancho IV funda aquí los *Studium Generale* (1293)pero será efectivamente cuando Cisneros, con el poder de la bula pontificia de Alejandro VI, funda la Universidad Complutense de Alcalá de Henares (1499) Requeriría con el tiempo de una nueva bula papal por Julio II, en la cuál, se concedían los

---

[12] GARCÍA ORO, J. *Op.Cit*, P.12

[13] Al morir Isabel la Católica y quedar viuda Juana de Castilla «la loca», ésta deseaba imponerse como reina de Castilla hasta la mayoría de edad de su hijo. Cisneros apoyó a Fernando y el respeto a la voluntad de Isabel de que fuera su esposo quien gobernara Castilla a su muerte.

[14] GÓMEZ DE CASTRO,A. *Op.Cit*, p.203

mismos derechos que la Universidad de París y Salamanca (1512). Asimismo, El Colegio Mayor de San Ildefonso, nombre original de la Universidad de Alcalá de Henares, se empezó a levantar con el proyecto del arquitecto Pedro Gumiel, bajo el miedo de las crecidas del río Henares y las disputas entre entendidos de si un lugar más alto y seco sería mejor.

El objetivo principal de su fundación es la formación de un clero que estaba poco cualificado, por lo que, en un principio, los estudios de Teología son la base de la educación, que se complementaba con Artes, Filosofía, Matemáticas, Física, Lógica y el dominio de las lenguas clásicas; griego,latín hebreo, arameo y caldeo, pues el dominio de esas lenguas se hacía fundamental para los estudios bíblicos. Ser clérigo debe ser, en opinión de Cisneros, algo más que dar misa, debe ser un hombre culto que atienda los textos teológicos desde una mayor profundidad[15], que obligaba a involucrarse con los textos en una especie de hermenéutica científica a la vez que espiritual. Por otra parte, era importante formar a la sociedad laica, no solamente en un mejor conocimiento de su fe, sino en ser una sociedad formada que algún día serían de utilidad tanto para la Iglesia como para el Estado[16]; por ejemplo, consideró los estudios de Medicina, a los que dotó de escuelas. Como vemos, el espectro de la reforma cisneriana fue muy amplia.

No vamos a entrar aquí en la composición universitaria, numero de centros, jerarquías, características de cada uno de los estudios, para lo cual hay mucha y muy interesante bibliografía, sino en aquellos puntos que de algún modo conectan con nuestro tema. Primero explicamos muy simplificadamente el cambió que supone para la villa. Su éxito no estará exento

---

[15] GARCÍA ORO,J. *Op.Cit*, p. 94

[16] KAGAN,R. *Universidad y Sociedad en la España Moderna*. Prólogo de José Antonio Maravall. Madrid. Tecnos. 1981, p. 110

de rivalidades y enemistades. Irradiará humanismo, que será absorbido incluso por sus ciudadanos no necesariamente estudiantes. En segundo lugar, hablar de la ideología de la Universidad supone tratar los puntos claves que con el tiempo perpetrarán el protestantismo en Alcalá; además haremos una reflexión entre la Biblia protestante y la Biblia Políglota.

2.1. Más allá de un proyecto humanista: Desarrollo económico y político-social

Hablamos del desarrollo económico que supuso la creación de la Universidad por dos razones fundamentales, la fuerza económica que va a generar hará debilitar a Salamanca, quien más tarde se convertirá en su enemiga; por lo que, cabe la posibilidad de que las cuestiones económicas son las que la llevan a aplastar a la competencia. Además, la vida que nace en esta pequeña villa, unido a la presencia de la realeza y del cardenal, prácticamente desplaza la importancia de Toledo como ciudad arzobispal. Por otra parte, en esa subcultura de artesanos, comerciantes, e intelectuales autodidactas, se va a mover la dispersión, del erasmismo primero,y del luteranismo después.

De por sí, Alcalá de Henares era notablemente rica por su agricultura y la vida que bañaba el río a toda la vega. Era una ciudad de cruce de caminos entre el sur y el norte de España. Un emplazamiento perfecto para instalar el complejo urbano, que comprendía; residencias de estudiantes o «casas de pupilaje», cárceles, talleres de todo tipo de oficios. Piensen que por lógica, las mismas obras requieren mano de obra, valga la redundancia, como albañiles, carpinteros o yeseros, entre los muchos maestros que se podrían nombrar, y otros oficios para la vida diaria de la ciudad, casas de comidas,costureras, zapateros, e incluso médicos, pues ya desde 1483 existía el Hospital de Antezana, pero el Cardenal Cisneros también construyó nuevos hospitales como el de San Lucas y San Nicolás (1513) para los estudiantes pobres y enfermos, y en la misma fecha se adaptó como colegio de medicina y teología conjuntamente el Hospital de Santa María la Rica, que ya existía como lugar de atención a peregrinos y pobres.

Otros de los oficios más notables que desenvolvieron económicamente la villa fue la imprenta. Cisneros estableció la primera imprenta con Estanislao Polono hacia 1502, aunque se fue de Alcalá para instalarse en Sevilla, por lo que en 1510 hubo de contratar a Arnao Guillem Brocar, proveniente de Logroño, editor de la Biblia Políglota, a quien le sucede su hijo Juan Guillem de Brocar y su yerno Miguel Eguía, después del cual y con el control inquisitorial habrá muchos cambios sucesivos entre impresores: Andrés Angulo(1569) Sebastián Martínez y Juan Iñiguez de Leqcerica (1575) Robles Ezpeleta(1588) Juan Gracián (1589) y su viuda Ana de Salinas (1594) y Justo Sanchez Crespo (1604)[17]

La imprenta era imprescindible para la biblioteca de la Universidad, para los alumnos en la edición de sus libros de estudio y la edición de sus propias obras. La obras impresas eran las que más impacto tenían sobre la sociedad en aquél entonces junto con la xilografía. Muchas obras que saldrán de Alcalá de Henares fueron aplaudidas primero, llegándose a hacer varias reimpresiones, a ser perseguidas con pena para sus impresores, difusores y lectores[18]. En los años de éxito, en los que había una gran efervescencia lectora, especialmente por los libros de Erasmo, las imprentas ganaban dinero siendo unas mas poderosas que otras. Sólo la imprenta de Miguel Eguía llegó a tener la autoridad real de ser la única imprenta con

[17] ENRÍQUEZ DE SALAMANCA,C. *Op.Cit.* p 114
[18] Véase capítulo 4 donde explicamos cómo se llega a controlar los impresores y sus imprentas.

derecho para publicar ciertas obras. *«Monopolizar la difusión impresa en España le permitía desarrollar un meditado programa de reforma cultural a la par que se aseguraba la obtención de pingües beneficios»* [19]

¿Podemos imaginar por un momento la maquinaria que se estaba poniendo en movimiento? Una Universidad junto con sus colegios, los conventos que se fundaron y demás edificios públicos, repercutía en empleo, comercio y servicios sobre toda la sociedad de Alcalá de Henares y alrededores, sin distinguir entre estudiantes o no. Razón de más para que en esos años gloriosos, la población aumentara notablemente, y del mismo modo, pero el efecto contrario, descendiera la población cuando se inicie la decadencia de la Universidad. Los habitantes exclusivamente universitarios podrían superar los 1000 alumnos, sin contar la población civil no universitaria de Alcalá. Según los datos de matrícula recogidos hacia 1535 se inscriben 2.060, una media anual de 1800 alumnos.[20] El modelo complutense fue tan notable que se hizo copiar en la América Hispana, a donde también llegaron las obras de Erasmo y las influencias protestantes.

No hay que olvidar que se encuentra el Palacio Arzobispal, donde vivieron los Reyes Católicos, y desde donde ya se tomaban decisiones políticas mucho antes de la fundación de la Universidad. Ahora pues, con mayor entusiasmo se acercará aquí, núcleo erasmista por excelencia, la corte de Carlos V.

[19] SANZ HERMIDA,J. «La Imprenta y la difusión de la Espiritualidad erasmista» en *Op. Cit.* pp.129-140. Aquí p. 133

[20] GUTIERREZ ZULOAGA, I. «Fundación y Estatutos de la Universidad Complutense», en: JIMÉNEZ MORENO,L. (Coord): *La Universidad Complutense Cisneriana. Impulso filosófico, científico y literario. Siglos. XVI y XVII.* Madrid. Editorial Complutense. 1996, pp. 63-85; aquí p. 67

2.2. Ideología

Cisneros tenía clara una cosa, el colegio universitario que pretendía fundar, debía ser renovador, no se podrían pedir cambios si nos basábamos en patrones antiguos como los de Salamanca. Por tal motivo, tiene que estar a la misma altura que los colegios de París, Bolonia y Oxford[21]. Además, estos tres lugares son escuelas de la orden franciscana, la misma a la que pertenece Cisneros, y son las escuelas de esta orden religiosa las que llevan a cabo una renovación educativa dentro de su seno académico, que empezará a marcar diferencia entre las universidades medievales y las de época moderna con un pensamiento más humanista. Por tanto, el Colegio de San Ildefonso fundado por un franciscano, que compartía las misma ideas de cambio que sus hermanos de Europa, estaba predestinado a formar parte de éste grupo generadores de una transformación trascendental. Y entre los muchos cambios, las interpretaciones teológicas serían fundamentales, y por tanto, nos parece que hay ahí un nexo de unión con el futuro pensamiento protestante.

Para ser una Universidad progresista, moderna y diferente a lo anterior, debía regirse por un principio fundamental, ser independiente y crítica, una *Schola non affectata*. Por ejemplo, mientras los profesores de Salamanca supervisaban cada uno de los pensamientos e interpretaciones de sus alumnos, típico *argumento de autoridad* de la escolástica antigua, especialmente concernientes a los estudios bíblicos, Cisneros dio confianza plena sobre profesores y alumnos. Además, era importante que las autoridades no interfiriesen en este microcosmos universi-

---

[21] Concretamente el Merton College de Oxford que es donde se encontraban los pensadores, llamados *mertonianos* que Cisneros va a incluir en los estudios complutenses, como son Scoto, Ockham y Bacon.

tario, el cual ya disponía de sus propios estatutos para poner orden.

Asimismo, los nuevos criterios ideológicos de este nuevo e independiente sistema educativo y de pensamiento se van a apoyar en lo siguiente: Se aplicará una escolástica renovada. Esto es, dando más protagonismo a los argumentos científicos, especialmente sobre los estudios bíblicos, lo que consistía en pasar de repetirlos a introducirse en ellos con una visión de estudio y análisis más complejo. Los principales estudios de teología estarán centrados en Tomás de Aquino y los mertonianos, pero para ello obligaba a tener unos estudios previos de filosofía (también aportados en la Universidad) especialmente de Platón y la filosofía árabe (Avicena y Averroes) filosofías éstas, por las cuales tenía simpatía y devoción el franciscanismo. El aristotelismo, por su parte, estaba perdiendo fuerza en la escolástica, de ahí lo de «renovada», pero se mantienen los estudios del Aristóteles más científico, que nos enseña matemáticas y física. Otro de los estudios filosóficos que no podían faltar en la Universidad de Alcalá de Henares era el nominalismo[22]; una corriente muy ligada a los renovadores de la escolástica y que retoman con fuerza los humanistas más avanzados como Erasmo de Rotterdam. Sintetizando, el nominalismo es bastante antimetafísico, por lo que a diferencia de los estudios

---

[22] Esta filosofía postula que los conceptos generales son abstractos o demasiado abstractos, por lo que el nominalismo considera real las individualidades concretas, que aunque comunes a algo o con una característica común, todas tienen algo que las distingue unas de otras por el principio de individuación. El estoicismo lo concretaba en la definición al significado de cada uno de los términos de cada significante o individualidad concreta. Esto mismo es retomado por Ockham, con una visión más empírica que llama «lógica de los términos». Los términos demasiado abstractos, como *Dios,* pueden llegar a ser inaccesibles o difícilmente comprensibles a la razón humana.

medievales, van a variar las interpretaciones teológicas con respecto a Dios. Ockham, inspira el agnosticismo moderno por el cual se cree en Dios o «lo divino» por la fe,pero no es accesible a la razón. Del mismo modo, cuestiona al Papa, y considera que su poder o su significado en la Tierra es meramente simbólico, por lo que es justificable que un emperador limite su poder para evitar un abuso o llegar a situaciones obscenas en el uso de poder y riqueza, como a las que al final se llegó y se criticaron en el siglo XVI.

Aunque nos hemos extendido en una pequeña explicación filosófica, queremos indicar que los estudiantes que se forman en Alcalá, y que absorben esta filosofía, llegarán a la misma conclusión que Lutero, por lo que no es de extrañar su afinidad posterior al luteranismo, y la lucha reformista que aquí también se emprende. El erasmismo[23] es una nueva ideología que toma mucha fuerza en poco tiempo, integrándose en la educación del siglo XVI. Aunque ya hemos hablado del erasmismo como concepto, se desarrolla aún con más ímpetu después de la muerte de Cisneros. Aquí diremos que lo que se inculca en las aulas es el erasmismo, a modo de la nueva pedagogía de la época, con principalmente dos premisas; la *pietas litterata, «se traducía en la conjunción "virtud y letras",que preside,de forma tácita o formulada, todos los esbozos de lo que será la Ratio studiorum definitiva, [...] Orden y método* [método retórico] *era la primera y fundamental consigna»*[24] ; y la *philosophia Christi*, que encajaba perfectamente con el objetivo reformador de Cisneros. Su plan educativo, no estaba muy alejado del monacato, y los estudios para formarse mentalmente esta-

---

[23] GARCÍA ORO,J. *Op.Cit.* p. 20

[24] BUENAVENTURA DELGADO CRIADO, M. *Historia de la Educación en España y´América.* Vol. II. Madrid. Fundación Santa María. 1993, p.422

ban íntimamente ligados a una formación espiritual basada en la humildad y la pobreza de Jesucristo, y que Erasmo supo explicar a todo el mundo a través de sus exitosas obras.[25] Los libros de Erasmo estaban incluidos en los planes de estudio, siendo *Las Paráfrasis*[26] de Erasmo el nuevo referente para continuar estudios bíblicos en la Universidad de Alcalá de Henares. Esta obra, unos pequeños libros de mano, que seguían los Evangelios, tutorizaban la lectura y comprensión del contenido del Nuevo Testamento con explicaciones docentes en un latín claro, pero con el tiempo y el cambio de ideología será una obra prohibida[27].

Dentro de la ideología que fomentó la Universidad, y que es algo muy de los humanistas, es el dominio de las lenguas clásicas, griego y latín, a parte del hebreo, el arameo y el caldeo o siriaco. En relación a esto, el biblismo es uno de los puntos más fuertes de la ideología que define a la Universidad de Alcalá, en cuanto que es aquí donde se reúne un grupo de especialistas, con una nueva visión de estudio, y con dominio en lenguas, para crear la Biblia Políglota. Sin embargo, propio de esa paradoja erasmista-humanista, a la vez, nace la

---

[25] GUTIERREZ ZULOAGA, I. *Idem*, p. 74

[26] DESIDERIUS, ERASMUS. *Paraphrasis in Evangelium Secundum Ioannem*. Alcalá de Henares. Miguel Eguía. 1525. Véase BNE R/25401
DESIDERIUS, ERASMUS. *In Evangelium Lucae paraphrasis*. Alcalá de Henares. Miguel Eguía.1525. Véase BNE R/204552(1)
DESIDERIUS, ERASMUS. *In Evangelium Matthai paraphrasi*. S.I:Sn; sa. Véase BNE 2/55943
Para las paráfrasis según San Marcos, véase MARTÍN ABAD, J. *La Imprenta en Alcalá de Henares (1502-1600)*, 3 vols. Madrid. Arco Libros. 1991, pp. 313-319

[27] DESIDERIUS, ERASMUS. *Op. Cit.* 1525A; pp. 66,149,157 y 162. Se pueden apreciar pasajes tachados a conciencia, seguramente por la Inquisición.

defensa de la lengua vulgar. De hecho, fue Cisneros quien permite la difusión de ciertas obras, entre ellas las de Erasmo, en lengua castellana. Con ésta situación muchos preluteranos se podían hacer la siguiente pregunta; ¿Por qué no leer también la biblia en castellano? Idea por la que lucharán fervientemente.

Para Cisneros era tan valiosa su Universidad que le daba mucha importancia a los servicios que podía ofrecer a sus estudiantes. Como la biblioteca, que la completó con libros que evitó se quemasen del reino nazarí, especialmente los de medicina, y los libros que trajo de Orán. También cuidó el tipo de docentes, empezó trayendo a Pedro Ciruelo, profesor de matemáticas en París, e intentó traer al mismo Erasmo, pero como este mismo confesó a Tomás Moro *non placet hispania*, aunque en el futuro, Erasmo llegó a dudar si no fue un error el rechazo de aquella propuesta.

3. La Biblia Políglota y su parecido con las biblias protestantes

Hemos pensado que sería interesante señalar los puntos comunes entre la primera Biblia, la Políglota, y las posteriores, las protestantes, con el fin de justificar el que no debemos extrañarnos cuando en Alcalá se abrace el protestantismo, o cuando estudiantes de Alcalá, como Enzinas, siguiendo los pasos aprendidos de sus predecesores cisnerianos, decida con el mismo trabajo y esfuerzo, traducir el Nuevo Testamento en castellano.

Sería incongruente pensar en hacer una comparación directa entre la Biblia Políglota y las protestantes, en tanto que los creadores de la Políglota de 1514 nunca pudieron imaginar lo que vendría después. La Biblia protestante, con tal término, no nace hasta mucho después, que sería la Biblia luterana de

1534. Sin embargo, nosotros, aprovechando la perspectiva histórica, vamos a explicar algunos detalles de la Biblia Políglota, que inconscientemente o no, por conocimiento directo o indirecto, compartirán las Biblias protestantes con ella; como su estructura, la recuperación casi arqueológica de la fuente original, su respeto a San Jerónimo, y su traducción en otras lenguas con el fin de ser comprendida por todos.

Hay que decir, que si el éxito de las biblias protestantes fue su traducción a lengua romance, y el tomar la versión hebrea como hizo San Jerónimo, en España, jugamos con ventaja no reconocida. Aquí en España, la sociedad de las tres culturas permitió mayor facilidad, en el trabajo textual sobre los textos sagrados, por el conocimiento materno de las lenguas hebrea y aramea; de ahí que Cisneros valorase a las comunidades conversas más de lo que pensamos. Los antecedentes traducidos son la *Biblia Alfonsina*, fue la primera traducción al castellano de la Biblia en el siglo XIII por Alfonso X y la Escuela de traductores de Toledo. Del mismo modo, *Biblia Alba* fue la primera traducción de la Biblia hebrea o Tanaj a lengua romance castellana en 1433 por el judío Mose Arragel. Entonces ¿por qué tanto miedo, perjuicios, prohibiciones y persecuciones a traducir la Biblia al castellano durante el siglo XVI?

Para comprender mejor esa relación entre la Políglota y las biblias protestantes hay que saber que, una de las figuras que ambas respetan profundamente es la de San Jerónimo. El Santo Padre de la Iglesia en el siglo IV d. c consideró el Antiguo Testamento basado en el Canon Hebreo o *Tanaj* y no reconoce el Canon griego o Septuaginta que es en el que se basará nuestra Biblia católica. La Septuaginta incluye los libros deuterocanónicos, unas versiones en griego de las cuales no se conoce ningún original ni en hebreo ni en arameo, y que los judíos decidieron, en el Sínodo de la Jammia, no incluirlos en el Tanaj ni reconocerlos; por eso mismo tampoco los aceptará San

Jerónimo confiando más en la versión hebrea. A éstos mismos deuterocanónicos los protestantes los llamaron «apócrifos» y tuvieron a San Jerónimo como símbolo de la Reforma protestante, ya que se crearon las biblias protestantes siguiendo sus planteamientos. Por otra parte, San Jerónimo fue para muchos humanistas-reformistas un modelo a seguir de primitivo cristiano, especialmente para los protestantes, que ya veían reflejadas en las luchas entre San Jerónimo y San Agustín (precisamente sobre la composición y estructura de la Biblia) las originarias diferencias que en un futuro llevarían al cisma de la Iglesia.

La Biblia Políglota fue la primera biblia en varios idiomas, donde trabajó un grupo de ilustres como Juan de Vergara, Hernán Núñez, Demetrio Ducas, Alonso de Alcalá, Diego López de Zuñiga, Bartolomé de Castro o Nebrija por muy corto período. Consta de 6 tomos[28]: Antiguo Testamento (1517) tomos I-IV que toma como base el Tanaj o texto masorético (la Biblia en hebreo) y el Targúm de Onkelos[29] (en lengua aramea) porque que así se conseguiría el texto que más se aproximaría a la obra de San Jerónimo. De hecho, la que se aproximaría a la versión de Jerónimo se sitúa entre las versiones hebrea y griega o Septuaginta. El Nuevo Testamento (1514) tomo V; se construye con la versión latina y la Vulgata. La realización del N.T tuvo su polémica, pues Nebrija será quien pida a Cisneros toda la revisión de la Vulgata en Lengua Castellana y así, quedo todo el texto en latín a su cargo, hasta que salieron las diferencias entre ambos. *«[...] pronto se ve que hay una discrepancia clara de opiniones: Nebrija piensa que el texto*

---

[28] http://www.todolibroantiguo.es/libros-raros/biblia-poliglota-complutense-cardenal-cisneros.html (Consultado el 22/2/2014)

[29] Traducción al arameo de la Torá hebrea o Pentateuco si lo llamamos en griego.

latino de Jerónimo se encuentra en un estado lamentable, y que la única forma de devolverle su dignidad es corregirlo de acuerdo con las lenguas originales[…] y no acepta que el Cardenal tiene razón cuando éste sostiene que lo que hay que recuperar es la forma primitiva de la Vulgata y no hacer "arreglos" a la obra de Jerónimo[30]*[…] No se trataba de rehacer el trabajo de Jerónimo, corrigiéndolo según el original hebreo, sino de acercarse lo más posible al original salido de las manos de Jerónimo*[31]. Efectivamente, Cisneros quería acercarse a lo original, evitando distorsiones, que esa sería en esencia la idea de un sincero reformador y humanista. Sin embargo, Nebrija coincidió en algo con Erasmo o viceversa, y es en la realización de correcciones. Erasmo hizo correcciones en griego de las frases originarias, valga la paradoja erasmista, pues lejos de respetar las fuentes original jugó con el lenguaje, el cual dominaba exquisitamente.

Por otra parte, al enterarse Geert del avance de los complutenses, se apresuró a realizar el *Novum Instrumentum* o N.T en griego, en cuya realización, a la falta de fragmentos, copió lo que faltaba de la Vulgata y no incluyó la *Coma Juanina*[32], llevándose un aluvión de críticas, entre ellas, cómo no, de López de Zuñiga. Lo sorprendente es que al final, en una cuarta edición (1527) y tras encontrar un original en griego, incluyó la Juanina y lo que es más importante, corrigió su N.T utilizando la Biblia Políglota. *«A fourth edition was published in 1527. Erasmus made use of the Complutensian Polyglot, especially in the book of Revelation»*[33] De hecho, publicaciones posteriores

---

[30] SÁENZ-BADILLOS,A. «La Biblia Políglota Complutense» en JIMÉNEZ MORENO,L (Coord.) *Op. Cit*, p.145

[31] SÁENZ-BADILLO,A. *Idem* p. 148

[32] Se refiere a los versículos de la primera epístola de San Juan

[33] COMBS.W.W. «Erasmus and the Textus Receptus» *DBSJ*, 1 (Spring 1996) pp. 35-53, aquí p. 50 En: http://www.dbts.edu/journals/1996_1/ERASMUS.PDF (Consultado el 2/3/2014)

a la muerte de Erasmo, tienen en consideración la Biblia Políglota, y se convierten en bases para futuros textos bíblicos de otros países europeos. *«Erasmus' Greek text was reprinted with various changes by others.Robert Estienne (Latin, Stephanus) produced four editions (1546, 1549,1550, 1551). His third edition of 1550 was the first to have a critical apparatus, with references to the Complutensian Polyglot and fifteenmanuscripts […] In Europe the third edition of Stephanus (1550) became the standard form of the text in England»* [34]. Por tanto, si Erasmo terminó utilizando la Políglota para corregir su N.T y las Biblias protestantes se basan en el *Textus Receptus* de Erasmo, al final, es lógico poder llegar a pensar que los protestantes, más que basarse en el T.R se basan en la Políglota.

En cualquier caso, Erasmo salió ganando. El Nuevo Testamento de Erasmo o *Novum Instrumentum* aunque fue el segundo Nuevo Testamento íntegramente en griego, ya que en 1514 estaba ya impreso en Alcalá de Henares el Nuevo Testamento de la Biblia Políglota, el Papa León X dejó difundir a Erasmo el suyo en 1516 y no dio permiso a la Biblia Políglota hasta 1520[35] chafando todo el trabajo de los complutenses.

Respecto a las biblias que pasan a escribirse en lengua romance o vernácula, como la Biblia luterana (aunque toman como base el *Textus Receptus*, se basa en la publicación de 1527, es decir, en el ejemplar erasmista que toma como base la Políglota.) fue escrita en alemán, y publicada en 1534. Aunque si es verdad que Lutero imprimió un punto de vista muy personal con respecto a los textos sagrados; correspondiendo a los apócrifos, en la Políglota se mantenían en la Septuaginta, y Lutero, decidió extraerlos y situarlos a parte, porque no los

---

[34] COMBS.W.W. *Idem*. p. 52 y 53
[35] SÁENZ-BADILLOS, A. *Idem* p. 150

veía al mismo nivel que las escrituras, sólo los consideraba de lectura.

Siguiendo el ejemplo de Lutero, en nuestro caso se traduce la Biblia al castellano. Destacamos por un lado a Franzisco Enzinas en 1543 publicó el Nuevo Testamento en castellano basado en el original griego de Erasmo o T.R, y lo lógico es que por aquél entonces utilizara la edición de 1527. Aunque esta traducción no se publicará hasta cuatro años después de su muerte. Un último ejemplo de traducción al castellano lo representa La Biblia del Oso o Reina-Valera[36] traducida al castellano por Casiodoro Reina[37] (1569) y que terminó siendo la Biblia en castellano más usada por los evangelistas latinos, la segunda más importante después de la luterana. Casiodoro dio un paso más allá que Enzinas y no se limitó a la traducción, sino que trabaja la comparación textual; estudia el T.R de Erasmo de 1516 y la edición de 1550, percatándose de que no son iguales, por lo que se decanta por tener como base la Biblia Políglota Complutense. *«En nuestro trabajo de revisión, hemos visto que varios textos de la Reina Valera 1602 no coinciden con ninguna de las diferentes ediciones del Texto Recibido a excepción de la Políglota Complutense, por lo que confirma que fue utilizada como base de consulta»* [38]

---

[36] Se conoce como Reina-Valera primero por Caisiodoro Reina y luego por Cipriano Valera que inició una revisión de la Biblia del Oso, la de Reina, entre 1582-1602, que al publicarse con una nueva portada, fue conocida como Biblia del Cántaro.

[37] Hay que decir que Casiodoro Reina, como Cipriano Valera pertenecieron al monasterio de Jerónimos de Sevilla, mismo lugar donde se dará origen al foco protestante de Sevilla junto con Constantino Ponce de la Fuente, estudiante de Alcalá.

[38] RIFF, A.D. «Fuentes textuales de la Biblia Reina-Valera». *Sociedad Bíblica Trinitaria*. Trabajo de revisión. p.1-6 En: http://www.sociedadbibli-

Además, la Biblia Políglota, contiene un último tomo, el tomo VI que es un diccionario en hebreo y arameo. Esto aporta al libro Sagrado otro concepto más completo, que va más allá de el del rezo, que es el de estudio de la lengua y del texto en sí. Esto permitió profundizar y facilitar los trabajos posteriores de comparación, especialmente con los textos masoréticos. Es curioso cómo se piensa en incluir un diccionario con el fin de facilitar la lectura y el conocimiento de otro idioma a cualquier lector que no dominase o no conociera el hebreo ni el arameo. Razón de más para que *«La crítica neotestamentaria no duda hoy en reconocer el texto del Nuevo Testamento de la Políglota como de calidad muy superior a la de la mayoría de las ediciones de su tiempo, incluyendo la de Erasmo»*[39] Calidad y trabajo bien hecho de la que se percataron sus coetáneos y no dudasen en tomarlo como base para otros trabajo bíblicos como hemos explicado antes.

La famosa Biblia Políglota retomará la luz con Felipe II pero con una intención de fondo muy distinta a la original. Esta nueva edición encargada a Benito Arias Montano (que también cursó estudios en Alcalá de Henares) y se conoce como Biblia Políglota Regia, publicada en Amberes por Plantino en 1572. No se sabe exactamente por qué se decide imprimir en Amberes y no en Alcalá de Henares, lo que sí se sabe es que por aquél entonces Alcalá era un nido de erasmistas luteranos, por lo que fue necesario el control inquisitorial de la misma, especialmente de la Universidad. Publicar la Biblia Regia en un lugar como Alcalá, totalmente simpatizante con los herejes, no daba buena imagen en la propaganda contrarreformista. Además, la original biblia complutense dirigida por

catrinitaria.org/Fuentes_textuales_RV.pdf http://www.sociedadbiblicatrinitaria.org/articulos.html (consultados el 8/03/2014)

[39] SÁENZ-BADILLOS,A. *Idem* p. 151

Cisneros, fue modificada por Arias Montano, incluyendo elementos que no tenía la complutense como *Targúm arameo de Jonatán* y la *Versión Pesitta*. Si en verdad la Políglota de Cisneros había sido usada de base a biblias protestantes, no había más remedio que modificarla para «limpiar su reputación». Creemos que no se volvió a publicar la Biblia Políglota por el salomonismo de Felipe II. Además a Arias Montano se le acusó de hereje por dar más valor a los textos hebreos y arameos que a la Vulgata, pero esas acusaciones fueron calladas al estar bajo la protección de Gregorio XIII y de Felipe II. Esta nueva biblia patrocinada por el Rey sería la base bíblica para los países no protestantes como España, y como decía el biblista investigador Fernández Marcos, que ha trabajado la figura de Arias Montano, «*[…]el pensamiento político de Arias Montano se encuentra disperso en sus escritos teológicos y comentarios bíblicos*»[40] por lo que no es de extrañar que la nueva Biblia sea más de sentimiento político que religioso.

4. La Universidad cisneriana fiel a un proyecto y sus diferencias con los detractores

El Colegio de San Ildefonso se convirtió en toda una primicia del humanismo español, pero no fue del gusto de todos, siempre surgen oponentes. Los mismos que criticaron a Cisneros por su proyecto universitario, también serán los que criticarán al erasmismo y los que mantendrán sus críticas hacia Alcalá de Henares por su erasmismo y por su inclinaciones protestantes a lo largo del tiempo. El éxito complutense hacia una larga sombra de ciprés sobre Salamanca y eso fue

[40] FERNÁNDEZ MARCOS,N. *Filología bíblica y humanismo*. Madrid. CSIC.2012, p. 314

un problema. Aunque Salamanca intentó alguna estrategia de persuasión a los profesores y al mismo Cisneros, por tornar a la tradición, y reintegrarse con Salamanca. *«La Universidad de Salamanca, temiendo por su parte la soledad de su Escuela, envió dos delegados a Jiménez[...]para que le suplicaran insistentemente y con empeño que trasladara a la Universidad de Salamanca la suya de Alcalá»* [41] Pero no sirvió engatusar a Cisneros, por eso Salamanca acaba arremetiendo contra Alcalá desde otra vía.

Algunas causas, y seguramente las principales, que provocan esa persecución son económicas, es decir, las pérdidas económicas que sufrió Salamanca a causa de la fuga de estudiantes. Los nuevos profesores como Ciruelo, y la nueva forma educativa fue muy atractiva para los estudiantes. Hay que entender que Salamanca se notó en una posición de inferioridad respecto al Alcalá, pues mientra Salamanca tenia siete Cátedras, a Alcalá se dotó con ocho, a pesar de que Alcalá nunca aceptó el estudio de Derecho, ya que *«Tanto el canónico como el civil, cuya enseñanza prohibió en Alcalá, representaba para él la carrera y la lucha por el poder[...] instrumento para arbitristas y cazadores de honores»* [42] Si a eso le sumamos, que Salamanca no se adapta a la nueva mentalidad de la época, y en consecuencia pierde alumnos, el fracaso de la misma podría ser económicamente muy perjudicial. Sin embargo, supo presentarse como el emblema de la ortodoxia arrastrando a su lado a aquellas personas de su misma manera de pensar.

También son muy notables las diferencias ideológicas. Frente a la Universidad elitista de nobles caballeros hidalgos e

[41] GÓMEZ DE CASTRO,A. *Op.Cit.* p. 248-249

[42] ORTEGA CARMONA,A. «Interferencia y emulación entre las Universidades de Salamanca y Alcalá»,en JIMÉNEZ MORENO,L(Coord) *Op. Cit,* pp. 113-127, aquí pp. 115-116

infanzones de Salamanca, están los colegios para pobres de Alcalá[43], estudiantes que sin ser de alta cuna se les da la oportunidad de prosperar. Esto ya suponía un choque notable con la tradición, de quién tenia derecho y quién no, de recibir estudios. Ahora, la oportunidad ofrecida de dar estudios a los pobres cambia totalmente el concepto social.

El humanismo de Cisneros, en toda la extensión de la palabra, choca con la ortodoxia de Salamanca. Por una parte Cisneros da cierta «libertad», entendiéndose que jamás interfirió en los estudios bíblicos de sus estudiantes, idea que cala con el tiempo (no solo en los estudiantes) y en esa idea de interpretar y leer los textos en la intimidad y que a futuro hace simpatizar con el luteranismo. Por otra parte, Cisneros, antes y después de su muerte, en Alcalá de Henares se permitieron ciertas publicaciones por las que Salamanca se escandalizaba, como los escritos de Savonarolla, entre ellos el salmo *Miserere mei Deus*, uno de los salmos favoritos de Lutero, y prohibido en Salamanca; pero conociendo el intimismo espiritual de Cisneros es lógico su publicación. También se publican mucho las obras de Erasmo, pues la Universidad de Alcalá de Henares simpatiza con Erasmo mientras que Salamanca lo critica; las criticas a Erasmo era una forma de criticar a Alcalá y hacer una propaganda contra la Universidad de Alcalá. Si no puedes abatir a la competencia solo te queda hacer mala publicidad de ella, pues al final lo que quedan en juego son intereses económicos, más que políticos o ideológicos.

Asimismo en el siguiente nuevo capítulo, entramos a explicar en profundidad como Salamanca, símbolo de la ortodoxia y el tradicionalismo, iniciará las primeras críticas contra Alcalá, las primeras reuniones para evitar la herejía y la defen-

---

[43] ORTEGA CARMONA,A. *Idem.* pp 116-117

sa de la comunidad clerical frente a la mala imagen que Erasmo proyectaba, en sus obras, de los religiosos y la Iglesia en general, y que la Universidad de Alcalá de Henares se dedicaba a difundir.

Capítulo III:
EL PROTESTANTISMO DURANTE EL PERÍODO CAROLINO. LOS PRIMEROS PROCESOS DE FE A LOS COMPLUTENSES

1. Una corte erasmista

Carlos I de España y V de Alemania se cría más en el ambiente flamenco desde pequeño y eso va a condicionar tanto su visión de la vida, como sus buenas relaciones con Erasmo y el erasmismo. Al mismo tiempo, su secretario, Alfonso Valdés, un erasmista profundo, y su hermano Juan de Valdés, estudiante en Alcalá y de influencias luteranas en sus obras; marcan una corte con sello propio. El erasmismo español de Valdés va más allá, con ciertos matices alumbradistas, Valdés quiere acotar el poder Papal, reduciendo al pontífice a sus funciones pastorales, sacándolo de la política de los Estados; política que se notó en los sucesos de *El saco de Roma* (1527). Entre otras figuras que Carlos eligió para rodearse fue Constantino Ponce De la Fuente, estudió teología en Alcalá de Henares y fue elegido capellán personal del rey. Con el rey pudo viajar por los distintos países de Europa, asimilando mejor la doctrina del protestantismo. Es un ejemplo del tipo de personalidades a los que el Emperador tendió su mano, mostrando que en el fondo era afín a un pensamiento y un sentimiento (siempre y cuando no se mezclara con lo político) que en España se movía entre ese ambiente monacal y universitario conjuntamente.

Como vemos, entre los humanistas y religiosos españoles que rodearon a Carlos V eran erasmistas preluteranos y todos de Alcalá de Henares, lo que indica que no fue necesario que la corte trajera el erasmismo sino que ya había un lugar suficientemente erasmista, tanto o más que cualquier lugar de Europa, como para que Carlos se sintiera cómodo. A. Márquez, considera que *«el luteranismo pasa de la Corte a las Universidades y monasterios»* [1] Nosotros discrepamos en éste punto, pues tal y como hemos ido viendo a lo largo de nuestro análisis, el sentimiento erasmista y preluterano ya tenía mucha fuerza en algunos monasterios,y a través de Cisneros, pasa a la Universidad. Cierto es, que la corte española sigue religiosamente el erasmismo y esa moda de algún modo pasa a la sociedad, pero ya en España, había un interés en monasterios y universidades mucho antes de que la corte de Carlos V exagerase su pomposo interés en Erasmo.

Por otra parte, en los comienzos, la corte estará más cercana a Erasmo que a Lutero, mientras que los comuneros y la gente llana estará más cerca de Lutero (aunque a la vez lean a Erasmo) por su nacionalismo y su oposición a un Papa y a una Iglesia de todo menos cristiana. Aquí es donde se aprecia más la diferencia entre el erasmismo europeo y el erasmismo español; del primero, era más propio y afín la corte de Carlos V, mientras que el segundo, es más alumbrado que flamenco y que por tanto, de éste no es tan afín la corte. Por ejemplo, muchos humanistas-erasmistas españoles estuvieron en el bando de los comuneros, junto a alumbrados y conversos, como Hernán Nuñez [2]. Ciertamente, Alcalá de Henares tomó una postura clara, en defensa de los comuneros, pues Carlos V, a pesar del

---

[1] MÁRQUEZ, A. «La Reforma Protestante en España (s. XVI-XVII). La Restauración Católica»,en FLICHE,M. *Historia de la Iglesia. Vol. XX.* Valencia. EDICEP,1976, p.558

[2] Hernán Nuñez (1475-1553) fue catedrático de Retórica en la Universidad Complutense de Alcalá de Henares y participó en la creación de la Biblia Políglota y tampoco estuvo exento de dificultades por su ideología al igual que el resto de complutenses unidos por Cisneros.

erasmismo que aparentaba, le hizo un flaco favor al erasmismo español y a la Universidad complutense, como explica Entrambasaguas: *«El rector y los consiliarios mantuvieron una lucha titánica para no entregar las llaves y dejar que se desvalijara su arca, pero al final tuvieron que ceder a la fuerza y entregar al Tesoro Real la fortuna personal de Cisneros, de la que jamás devolvió el emperador ni un maravedí de los muchos que se llevaron y eran patrimonio de los estudiantes pobres y de la cultura española»* [3]. De ahí que luego no le dolieran prendas a la corte en aliarse junto a la Inquisición para perseguir del mismo modo a erasmistas y a luteranos por igual.

Volviendo a lo de antes, el sentimiento de europeísmo imperante en Europa y en la corte carolina contrastará con el sentimiento nacionalista luterano, que se junta a su vez en España y en Alcalá. Digamos que el sentimiento europeísta erasmista nos lleva a conocer lo que pasa en Europa, y ¿qué pasa en Europa? El cisma de la Iglesia y la ruptura de Alemania con Roma; sentimiento que también comparten muchos españoles humanistas, sobre todo los comuneros, de ahí que proliferase el luteranismo entre ellos; eso visto desde la política, pues visto desde lo religioso, encajaba mejor Lutero con la tradición conversa y alumbradista.

Además, tantos holandeses, por muy erasmistas que fueran, no gustaban a la población española, pues no conocían ni el idioma, ni las costumbres, ni la diversidad cultural de España. Es el caso de Guillermo de Croy o Adriano de Utrech, Gobernador de Castilla, que se ve obligado a tener una persona española haciendo sus funciones en la Península, Francisco de los Cobos, quien también se convierte en brazo derecho de Carlos V, tras ser destituido Gatinara, el creador de la monarquía

---

[3] ENTRAMBASAGUAS,J. *Grandeza y decadencia de la Universidad Complutense*. Madrid. Imprenta Artiaga. 1972. p. 45.

Universalis et Christiani, que imponía el imperio cristiano por la fuerza, lo que estaba lejos de ese cristianismo erasmista mas conciliador, aunque se convirtió en emblema de los Austrias mayores. Hay que decir que no sólo los humanistas españoles recelaban de los extranjeros flamencos, sino que también Erasmo era el primero que no tenía mucha fe en el erasmismo español, los sucesos nacionalistas de los comuneros le creaban un escepticismo que no le hacen cambiar de opinión hasta que no se soluciona la guerra civil tanto con los comuneros como con las germanías, y sobre todo, cuando le llega a abrumar el éxito de sus obras en un país tan diverso y desconocido como es España.

En 1525 se publica en Alcalá de Henares el *Enchiridion*. Libro de referencia de Carlos V, pues Erasmo fue para él como un tutor desde antes de que el joven empezara a gobernar. Es lógico que se difunda por la corte las obras de Erasmo y el erasmismo, pero el erasmismo estaba más que introducido en Alcalá, como hemos apuntado antes, desde el momento en que Cisneros pidió a Erasmo venir a su Universidad. ¿Es posible que en esa corte erasmista se viera el remate de la reforma iniciada por Cisneros? Posiblemente, pues si Carlos V escuchaba los consejos de Erasmo y leía sus obras dedicadas, ¿por qué no lo iba a hacer el resto de la población? Pero se dio un giro que truncó el camino labrado. ¿A qué se debe ese giro? Por una parte a los problemas en Europa con Lutero, y por otra el contraataque de los clérigos ortodoxos españoles y de la Universidad de Salamanca conjuntamente. Será en los últimos años cuando el erasmismo va desapareciendo, pasando a otro período monárquico, el de Felipe II en el que ya no se habla de erasmismo sino claramente de luteranismo.

Al poco tiempo, en 1529 Juan de Valdés publica en la imprenta de Miguel Eguía, *Diálogo de doctrina Christiana*, con una adaptación de varias obras de Lutero, Ecolampadio y Melanchton. Es en un breve período de tiempo en que Alcalá de Henares empieza a ser preluterana, evidentemente fue a través de Erasmo y esa idea de reforma, tan extendido en Alcalá. Además, esta publicación es un ejemplo de que ya se debían de difundir obras de Lutero por España, aunque fuese en sectores concretos de personas. Asimismo, no nos extrañe cómo el pensamiento de Lutero, religioso y político, circulaba entre los comuneros, por eso Carlos V trataba de «bellaquería»[4] refriendose a ellos. Asimismo, esta situación en España, junto al independentismo político y religioso ocurrido en Alemania, fueron las gotas que terminaron con la paciencia del Emperador tornándose a una política más severa.

2. El clero español manifiesta su oposición al erasmismo

Erasmo se dedicó a desarrollar una serie de obras que con el tiempo le costarán fuertes acusaciones. Las grandes críticas que escribió Erasmo en sus obras, contra el clero y la Iglesia fueron tomadas como causa primera del nacimiento del protestantismo, tanto en Alemania como en España. De entre las más sonadas, la obra anónima *Julius Exclusus* (aunque no se sabe con exactitud si fue escrita por Erasmo, pues es anónima pero en líneas generales se atribuye al holandés) es una obra contra un modelo de Papa, como era Julio II, al que consideraba una perversión de la Iglesia. También *Colloquia*, sátiras, en humor, sobre la corrupción eclesiástica, que colmó la paciencia de los clérigos españoles, siendo frailes y órdenes mendicantes los más atacados por Erasmo, por eso terminaron condenándole por la Inquisición.

[4] TELLECHEA IDIGORAS,J. I. *Tiempos recios. Inquisición y heterodoxia*. Prólogo de Marcel Bataillón. Salamanca. Ediciones Sígueme, 1977, p. 559

Así, en 1527 se determina convocar la Conferencia de Valladolid para determinar la ortodoxia o no de los escritos y publicaciones erasmistas,tanto del propio Erasmo como de sus seguidores. 1527 se convertirá además, en la fecha clave de persecución de una herejía nueva. Se perseguían no sólo libros, sino cualquier persona o escrito con esas ideas. Esto es así, pues la conferencia fue celebrada por los clérigos españoles y por el lado más ortodoxo de éste país, Valladolid y Salamanca.

Hay autores que consideran que se «vulgariza» la lengua de Erasmo[5] y esa vulgarización fue la que llevó a una mala comprensión de su pensamiento y en consecuencia su crítica y rechazo. Es cierto que pudo desarrollarse una vulgarización por muchas razones, principalmente por una mala traducción, pero una vulgarización del uso del lenguaje no lleva a desesperar la ira de algunos colectivos, sino que evidentemente esos son los que se siente vulgarizados.

Las obras de Erasmo, La *Lingua* y Los *Adagios*, también fueron supervisados por la Inquisición. El primero como sabemos tenía mucho éxito entre los conversos. El lado ortodoxo de la Iglesia española no podía permitir que los conversos se fueran felizmente hacia el protestantismo porque les conviniera ideologicamente, perdiendo feligreses en la Iglesia católica. En líneas generales, el erasmismo y el alumbradismo preluterano cada vez toma más cuerpo en la sociedad española, siendo Alcalá de Henares y su Universidad un nido de creyentes o al menos ideologicamente profundamente reformistas, unos más cerca de Erasmo y otros más cerca de Lutero. En cualquier

<hr>

[5] ALCALÁ GALVE,A. «Erasmo, Alfonso Valdés y el saco de Roma a cuenta de Dios», en *Erasmo en España: La Recepción del Humanismo en el primer Renacimiento Español*. Escuelas Menores de la Universidad de Salamanca 26 de septiembre de 2002 - 6 de enero de 2003. Sociedad Estatal para la Acción Cultural Exterior, 2002, pp. 84-120,aquí pp 104-105

caso, el lado más ortodoxo del clero español con el apoyo real se encargará de anular esa situación.

2.1. Las obras más dolorosas

A raíz de la Conferencia de Valladolid la crítica sobre Erasmo fue brutal. La propaganda de desprestigio que se inició dañó su figura, entrando en una espiral de respuestas y justificaciones entre el mismo Erasmo y sus retractrores. Las personas más contrarias a Erasmo y que influirán notablemente en la persecución posterior al luteranismo son: Diego López de Zuñiga, Juan Ginés de Sepúlveda y Luis de Carvajal.

Zuñiga, por el hecho de estudiar en Alcalá y trabajar en la Políglota no tiene por qué pensar como el resto, Zuñiga marca esa diferencia con respecto al resto de estudiantes complutenses y prefirió posicionarse en un lado más ortodoxo, a pesar de los intentos de Juan de Vergara por reconciliarle con Erasmo. Comprensible es que le criticase los errores y las faltas a Erasmo, pues había hecho un trabajo apresurado. «*...lo que Zuñiga criticaba era la versión latina dada por Erasmo, y allí sí que tenia tela donde cortar, puesto que esa versión no obedecía a principios bien definidos. Se sabe esto por una confesión del propio Erasmo. Por los días en que se imprimía el Novum Instrumentum estaba tan agobiado de trabajo, que había copiado a veces páginas enteras de la Vulgata sin tiempo de compararlas con el texto griego[...]reemplazaba las palabras de origen judeo-griego por sus equivalentes genuinamente latinos[...] Pero a Zuñiga le irritaba este procedimiento, en el cuál veía un ultraje[...]*»[6] Efectivamente, esto justifica lo que dijimos en el capítulo II y las prisas que Erasmo tenían por adelantarse a los complutenses llevándose el privilegio pa-

[6] BATAILLÓN, M. *Op. Cit*, p. 95

pal de publicar primero, lo que a Zuñiga, después de todo el trabajo realizado en la Biblia Políglota, imaginamos que se sentiría molesto. Lo de Zuñiga no fue exclusivamente una crítica textual[7]; el rencor de Zuñiga sobrepasó las críticas sobre tecnicismos y realizó una fuerte crítica teológica, en la que indicaba directamente qué frase de Erasmo era luterana[8]. Así pues, en 1520 Zúñiga publico sus *Annotationes contra Erasmum* aunque ya antes había criticado el N.T de Erasmo, al que Erasmo contestó con *Apología*. En 1521 continua la tensión con *Blasfemias e impiedades contra Erasmo de Rotterdam*. Además, Zuñiga maquinó una excusa para presionar a León X de la herejía de Erasmo (a pesar de que León X protegía a Desiderius) La estrategia de Zuñiga, fue equiparar Erasmo a Lutero, y así fue poner al Papa entre la espada y la pared, ponerse del lado de Roma o de Lutero. Las publicaciones contestatarias entre Zuñiga y Erasmo fueron constantes, hasta bien cerca de la muerte, Zuñiga siguió su lucha contra Erasmo.

Por su parte, Juan Ginés de Sepúlveda, estudiante en Alcalá de Henares durante un tiempo[9] logró ser cronista principal de Carlos V. La elección de esta figura en la corte de Carlos V indica que la monarquía va a tomar un giro político-ideológico distinto, pues Ginés, convencido de la tradición aristotélica como la más recta, era totalmente contrario al pensamiento erasmista y rotundamente opuesto a Lutero y por su puesto, a cualquier cambio en la Iglesia. Su obra *Antapología* es la que muestra su enfrentamiento con Erasmo. Igualmente, para con-

---

[7] BATAILLÓN,M. *Op. Cit.* p.117

[8] BATAILLÓN,M. *Op. Cit.* p.124

[9] Ginés Sepúlveda, Juan (1490-1573) obtuvo el grado de Bachiller en artes y teología en la Universidad de Alcalá de Henares. Se conoce por su tradicionalismo y catolicismo aferrimo en su lucha antierasmista y antiluterana, y especialmente por su política en contra de los Indios contraria a Bartolomé de las Casas.

tradecir las tesis de Lutero desarrolló *De fatto et libero arbitrio adversus Luterum*.

Después de la Conferencia de Valladolid, a pesar de que Erasmo quiere reconciliarse con el clero español, fue demasiado tarde. En 1528 escribe *Apología ad monachos hispanos* pero ya había otra obra de Luis de Carvajal, teólogo español, quien era altamente conocido por su defensa de la Inmaculada Concepción, lo que indica que no va a tener ningún punto en común ni con Erasmo ni con Lutero. Carvajal, en *Apología monasticae professionis* hará también una defensa de los monjes españoles combinado con malas críticas hacia Erasmo, con lo cual *ad monachos* de Erasmo queda en papel mojado.

Sin embargo, no sólo será la campaña de desprestigio a través de las distintas publicaciones en las que cada uno defendía posturas teológicas distintas, sino también, el nacimiento del luteranismo, va a ser aprovechado por los grupos ortodoxos españoles par echar más tierra sobre Erasmo y sus seguidores erasmistas.

2.2. *Equiparación española de erasmismo con protestantismo: ¿error o propaganda malintencionada?*

Evidentemente ya hemos dejado entre ver que hay un grupo ortodoxo que muestra un rechazo rotundo con las publicaciones antierasmistas y antiluteranas. Así, podemos ver a esas primeras publicaciones como el principio de la propaganda contrarreformista que tomará forma en su lado ideológico más entrada la segunda mitad del siglo XVI, definiéndose mejor con Felipe II. Esta propaganda solía ser de origen español o Romano, esto es, defensores del Papa, de la Iglesia de Roma y del la Santísima Trinidad.

No hay error en la comprensión y distinción de ideas erasmistas y luteranas entre grupos bien formados o que conocían de cerca a Erasmo, lo que sí ocurre, y especialmente en España, es que los grupos de seguidores entre erasmistas, alumbradistas y luteranos tienen ideas muy afines, comparten relaciones sociales muy cercanas que en muchos casos se hace difícil distinguir a que grupo pertenecen. Esto favoreció la proliferación de una propaganda de desprestigio contra los erasmistas, especialmente durante los primeros años. Asimismo, esa propaganda fue un arma de doble filo, lo que parecía que sólo era para acosar la baja ortodoxia de los humanistas-erasmistas, también era una campaña de desprestigio contra de grupos religiosos y la Universidad de Alcalá de Henares, el nido de erasmistas en contacto íntimo con alumbradistas preluteranos. En cualquier caso, bajo la protección de Fonseca y omitiendo lo ocurrido en la Conferencia de Valladolid, se continuó defendiendo el erasmismo en la Universidad Complutense, de hecho, cuando Erasmo toma una decisión con respecto a Alemania y a Lutero, escribe una obra *Opera Omnia Agustina*, dedicada a Fonseca, por ser los humanistas complutenses (salvo la excepción de Zúñiga) los únicos en defender a Erasmo de esa mala propaganda de confusión en la que se igualaba Erasmo con Lutero. De hecho, esa es la única obra de Erasmo no censurada por la Inquisición.

3. Política de control y lucha contra el protestantismo

A pesar de esa campaña de confusión por parte del clero español, no es lo mismo erasmismo que luteranismo, y esa diferencia estaba clara tanto para el mismo Carlos V como para su corte. Carlos V conocía a Erasmo y era su primer seguidor, y por el hecho de no entrar en esa campaña de confusión se centro claramente en la lucha contra el protestantismo, así lo acordó con León X (quién también apoyó a Erasmo y conocía perfectamente que nada tenía que ver con Lutero) siendo una de las primeras tareas controlar las obras reformistas. Para acometer ésta tarea en España, Adirano de Utrech nombra como Inquisidor General de los reinos hispanos a Alfonso Manrique de Lara, pero salió trifulcando con Carlos V, pues su ataque iba por igual a erasmistas que a protestantes, algo que el Emperador consideró intolerable. Entre los condenados estaban Alfonso Ruíz Virués, monje benedictino principal traductor de Erasmo al español, que a Carlos V le encantaba escuchar en sus sermones. También Manrique fue quien mandó celebrar la Conferencia de Valladolid donde no se analizaban los escritos protestantes sino a los erasmistas. Tras la destitución de Manrique, le sucedieron Juan Pardo de Tavera, que muere al poco tiempo, después le siguió Loaysa, que también muere muy pronto, por lo que terminó tomando el báculo el inquisidor Fernando Valdés y Salas.

El erasmismo de Carlos V va a ir desapareciendo con el tiempo, especialmente debido a los problemas para mantener su Imperio estable. El chasco llevado en Alemania con las revueltas protestantes le hacen replantearse su situación en España; donde ya había florecido el problema comunero en Castilla. Aunque no quisiera que los erasmistas se vieran afectados, se vio obligado a aplicar una política más dura contra el protestantismo luterano, aunque algún erasmista pagase las consecuencias. *«El hecho de que la semilla protestante hubiese germinado en el corazón de Castilla fue una bofetada en el orgullo hispano»* [10] y fue también una crisis interna en la afanosa política de Carlos V por remediar la escisión religiosa europea. Esta es una de las críticas que le hizo el cardenal García de Loaysa en una *«carta al Emperador Carlos V excitandole a la*

---

[10] TELLECHEA IDIGORAS, J. I. *Op.Cit.* pp 558-559

destrucción de los luteranos y sus fautores» [11] donde le recuerda no ser tan laxo y tener más mano dura para acabar con la herejía de turcos, franceses, suizos e ingleses, si no quiere que le ocurra lo mismo que con los comuneros. En este fragmento se ve claramente:

> *«[…] ha me pesado […] la desverguenza y porfía que esos hereges han tenydo en sus errores y mucho mas de la poca esperança[…] Sobre todo me duele la mala desposicion que veo para el verdadero remedio que es la fuerza: Sy el Emperador los compare a los comuneros de castilla que buscando el camino de blanduras y medios mas que honestos perdimos el tiempo[…]hasta que se tomo con ellos el cierto y perpetuo Remedio que es la guerra[…]* [12]

En estos momentos, es importante para Carlos V mantener el Imperio católico y unido, sea como fuere. Es entonces cuando, elegido el Inquisidor General Fernando Valdés y Salas como Presidente del Consejo de Castilla e Inquisidor General desde 1547, sube como la espuma en la política española moderna. Aunque su función va a ser más representativa con Felipe II, su elección en estos momentos marca un antes y un después en la política de control del protestantismo luterano. Con su nombramiento comienzan los endurecimientos en la censura y en los procesos inquisitoriales.

Una de las medidas de Carlos V fue la creación del primer *Index Librorum Prohibitorum*, trabajo encargado a la Universidad de Lovaina y que posteriormente sería editado en España para el uso de la Inquisición española en 1551. Más tarde será renovado por Fernando Valdés. Ya existían de antes libros pro-

---

[11] RAH. Colección de autógrafos del Marqués de San Roman. Carta Manuscrito caja 6 n°26. *8 Octubre de 1530 Roma a Carlos I Rey de España.*

[12] *Ibid.* f.1.

hibidos o considerados heréticos, como los libros árabes, pero ahora, estos índices de libros prohibidos van a dar más importancia al papel de la censura. Todos los libros erasmistas salían publicados de Alcalá de Henares, de la imprenta de Miguel Eguía que tenía la protección de Fonseca y Alfonso Valdés. A pesar de ello, con el giro político y tras la Conferencia de Valladolid, las persecuciones y el control inquisitorial van a ir dirigidos hacia Alcalá de Henares en primer lugar. (Eso no quita que se pudieran conseguir libros en otros lugares de España, pues también entraban publicaciones extranjeras, a través de comerciantes y por los puertos marítimos) La nueva política implicaba desarrollar una fase de estudio por los mejores teólogos, pero la impertinencia de el Santo Oficio, no permitió el desarrollo de esa fase de análisis de la doctrina protestante, incluso pensaba que sería perjudicial, llegando a acusar de herejía a teólogos y humanistas. El estudio de la reforma protestante, llevó a la confusión y a esas acusaciones malintencionadas hacia aquellos que estaban estudiando los textos reformistas como había ordenado el Papa y Carlos V. Es decir, muchos clérigos, humanistas teólogos, como es el caso de Carranza o Juan de Vergara, fueron acusados de tener escritos luteranos, cuando lo que tenían eran análisis y estudios, de los textos reformistas. Como explicaba Tellechea; *«Carranza confesará que en el Concilio se leían libros protestantes para fijar correctamente la posición católica frente a ellos y tomaban notas de los mismos para sus trabajos conciliares, todo ello con autorización expresa del Papa»* [13] ¿Por qué estas acusaciones? No lo sabremos con certeza, enfrentamientos internos por el poder, venganzas, envidias. Este tipo de incautaciones servían de excusa simple y fácil, y lo que sí está claro es, que se llegará a un grado de

---

[13] TELLECHEA IDIGORAS, J.I., *Op. Cit.*, p. 574

esquizofrenia por acusar a cualquier persona de hereje, que se acentuará durante el reinado Felipe II.

De entre los primeros controles durante el reinado de Carlos V, Adriano de Utrech mandó la orden al vicario de Alcalá para «encontrar ciertos libros impresos» especialmente se buscaba la obra del Salterio de Johanes Pomeranus, predicante en Wittemberg, y que se sospechaba que este y otros libros hubiesen sido traídos a la biblioteca complutense por Juan de Vergara. Al Igual que el duque de Brunswick que trajo libros luteranos a la Península en 1526.[14] Una pre-fase a las visitaciones a las bibliotecas de las universidades, que nos hace replantearnos si pudo producirse en Alcalá de Henares un auto de fe de quema de libros como sucedió en Toledo entre 1526-1530

4. El miedo a desarrollar una reforma en España

No creemos como Longhurst[15] que el luteranismo fuese un fantasma que pasara por España durante un tiempo. Desde el momento en que hay personas ejecutadas, sentencias inquisitoriales contra inocentes que sólo quieren tener otra religión, otros que se exilian para evitar arder en llamas o el miedo a un control permanente que les obliga a emparedar los libros[16], no se puede hablar de un fantasma, sino de unos hechos reales que estaban sucediendo. Es posible que los inquisidores quisieran quemar a Lutero pero sólo apresaban a simpatizantes, aunque no se equivocaban buscando «fantasmas» pues realmente existieron personas con otra manera de pensar y de sentir, se controlaban los puertos porque había demanda de libros prohibi-

---

[14] THOMAS, W. *Op. Cit*, pp. 44-45
[15] LONGHURST, J.E. *Luther's ghost in Spain*. Kansas. Lawerence. 1969
[16] Nos referimos a la famosa Biblioteca de Barcarrota en Extemadura

dos entre la población, y lo que es más, existían células de pequeños héroes que querían cambiar, no la fe, pues la fe la lleva cada uno en su corazón, al menos esa era su filosofía, sino cambiar la sociedad en general. Los sectores católicos más intransigentes, veían en el movimiento heterodoxo, más abierto a Europa y a la reforma Alemana, como una crisis para España, un apocalipsis para la cristiandad que podría hacer tambalear los cimientos de Pedro y del Imperio Moderno.

Como decimos, el miedo fundamental era no sólo religioso sino también político. Por una parte el desmembramiento de la Iglesia. Ya había una brecha con el suceso alemán, si fallaba España, pilar de la cristiandad, la herida podría ser profunda y con difícil solución, en cualquier caso eso nunca pasó. Otro problema, el político, podría llevar al desmembramiento del Imperio, y para mantener el imperio había que mantener la unidad entre los Estados y lo que los unía era una misma religión católica apostólica y romana, es la idea de Gattinara, *Universal Christianis*. Sin embargo esa política llevaría a la ruina económica a España. Por otra parte, España, especialmente la Iglesia española con la tradición de Isabel la Católica de cristianizar a toda costa, no acepta bajo ningún concepto diferencias dentro de la cristiandad, si estaban los conversos obligados a asistir a misa ¿cómo se iba a permitir otra religión aunque proviniera del mismo origen? Se vio como un problema y una herejía. Asimismo, El Santo Oficio de la Inquisición sería el encargado de mantener la unidad y el orden.

Sin otra salida, la reforma española se desarrolla en el extranjero. Pedro de Lerma, familiar de Francisco Enzinas, también exiliado, fue un importante profesor en Alcalá, en 1530 fue obligado a retractarse públicamente de sus herejías, tras su proceso se exilió y murió fuera de España. Además, Juan Díaz, también teólogo por la Universidad de Alcalá, y otro burgalés y amigo de Enzinas, Francisco de San Román, entre otros, configuraban el movimiento protestante complutense en el extranjero.

5. Primeros procesos de fe a complutenses durante la primera mitad del siglo XVI

Faltaría en este trabajo, todo el núcleo de alumbrados, la mayoría de Guadalajara, muy estrechamente ligados a los erasmistas y a los luteranos, pero nos hemos ceñido exclusivamente a los más destacados y en los cuales, se señala en su proceso que se les acusa de *luteranismo* y que son de Alcalá de Henares. Consideramos también en este trabajo tanto vecinos como *estantes* en Alcalá de Henares, para así ver las relaciones de los distintos individuos que viven, están de paso por la ciudad, o mantienen estrechas relaciones con la ciudad que les obliga a volver repetidas veces.

Los procesos de la primera mitad de siglo XVI están ya transcritos por otros investigadores. No ocurre lo mismo con los de la segunda mitad como ya veremos en el siguiente capítulo. La primera mitad del período es más una configuración de los grupos, mientras que en la segunda, el alumbradismo y el erasmismo quedarán más evadidos, tomando peso el protestantismo luterano. En los procesos de estos primeros años se confunden los grupos, usando como sinónimos erasmista con protestante e incluso con alumbradista o dejado; no se definen con claridad salvo algunos casos. De hecho, para salvar ese dilema, para adjetivar a esos grupos, era común usar el término «hereje». Lo más habitual era la equiparación de erasmista con protestante como por ejemplo en el caso de Juan de Vergara. Eso se debió a los fuertes lazos y relaciones personales entre las distintas personas de los distintos grupos, además de la campaña de desprestigio sobre el erasmismo que ya hemos explicado.

Tras la muerte de Cisneros, El Cardenal Alonso de Fonseca sustituye a Cisneros como Arzobispo de Toledo. Éste, continuó el legado cultural de Alcalá de Henares, sin a penas cambios, de hecho es en su período cuando más libros de Erasmo se publican. Sí, efectivamente Alcalá de Henares continuó siendo erasmista frente a todo, y por ello va a seguir la palabra de Erasmo. Cuando Erasmo declara sus diferencias y su separación respecto de Lutero, los erasmistas españoles,especialmente los complutenses, harán lo mismo, intentarán separar sus vínculos de los alumbradistas, que por sus características estaban sentimentalmente muy cerca de Lutero. Ya dijimos que algunos historiadores consideran a estos alumbradistas de la primera mitad del siglo XVI preluteranos, pues en muchos de los procesos se citan proposiciones luteranas e incluso se dice explicitamente que son ideas de Lutero. Aparte, hay que decir, que a los erasmistas les interesaba desvincularse de estos otros y empezar a mostrar su rechazo a Lutero, más por miedo a la Inquisición, especialmente, desde que Erasmo declarase sus diferencias con Lutero, y desde que en España se equiparasen ambas corrientes. Un ejemplo se recoge en la correspondencia entre Vergara y Tovar:

> *«Mucho siempre he deseado saber si vuestras pláticas con estos diablos eran solamente conferencias[…] o si ay mas que esto[…] era cosa tolerable aunque en tal delicadez de tiempos no ligera tamen multum refert si va la cosa a fuer de Erasmo o a fuer del perro de Luthero quod Deus avertat»* [17]

[17] PASTORE,S. «Mujeres,lecturas y alumbradismo radical: Petronila de Lucena y Juan del Castillo». *Historia Social*, 57, (2007),p. 65. Una declaración en la que se ve la preocupación de Juan Vergara sobre con quién se relaciona su hermanastro Bernardino Tovar, pues éste tenía más inclinación hacia el alumbradismo y por tanto hacia el luteranismo, mientras que Juan se desvincula siguiendo a Erasmo.

Pero no todos los complutenses siguieron el erasmismo, algunos erasmistas y otros con una raíz más alumbrada, pasaron al luteranismo.

El foco luterano se despertó a través de una denuncia de una vecina de Alcalá de Henares, arrastrando consigo a luteranos, erasmistas y alumbrados. «*...de fines de 1530 data la primera denuncia de Francisca Hernández contra ciertos "luteranos"[...] los primeros luteranos contra quienes ella habla son Bernardino Tovar, sospechoso desde fines de 1529, y su hermano el doctor de Vergara [...] Denunció con los Vergara a su hermana Isabel, denunció a su antiguo huesped de Valladolid Pedro Cazalla así como a su hermana María y a su hermano el Obispo, al impresor Miguel Eguía, a los sacerdotes Juan López de Celaín, Diego López de Husillos y Villafana, al clérigo humanista Juan del Castillo, al comerciante Burgalés Diego del Castillo y a la flamenca Ana del Valle.*»[18]

5.1. Juan de Vergara

Proceso harto conocido y muy machacado por los historiadores, entre otras cosas porque es el único testimonio de referencia para conocer otros procesos desaparecidos. Supone el punto de arranque de los sucesivos procesos a luteranos al igual que María de Cazalla fue el punto de arranque de los procesos a alumbrados.

A los Vergara, se les acusó de ciertas proposiciones heréticas cercanas al luteranismo, se decía que esta familia tenía una cierta aversión a la oración[19] y «*El pretendido luteranismo de Vergara se basa, sobre todo, en esa frasecita sobre las indulgencias,*

---

[18] BATAILLÓN,M. *Op. Cit.* p. 436-437
[19] BATAILLÓN, M. *Op. Cit.* p. 441

que parece eco de una de las célebres veinticuatro tesis: «¡Que me hagan a mí entender que en dando el sonido del real que salga el ánima del purgatorio!» [20]

Este proceso fue muy complejo por muchas razones: 1) Era una persona con peso político e intelectual que no podía ni debía ser tratado de cualquier modo. Trabajó incansablemente con Cisneros y perteneció al sector más erasmista de la corte de Carlos V. Al igual que a otros, se le ordenó ir a Worms y el estudio de las proposiciones luteranas, pero se convirtió en una trampa, terminando siendo víctima de la famosa Conferencia de Valladolid y de la Inquisición. Le valió a los inquisidores para acusarle de luterano, además, fue testigo de que los libros erasmistas e incluso os libros luteranos eran habituales entre la sociedad. Pero a los inquisidores parece ser, les interesaba complicarle con las ideas de Lutero[21]. De hecho hay algún testigo como el Doctor Pedro Ortiz que no le veía como un luterano pero sí apegado al pensamiento erasmista[22]; lo que desmontaría la intención de los inquisidores de hacerle luterano.

2) Su familia, especialmente su hermano *Bernardino Tovar*, también de Alcalá de Henares, sufrió el peso de la Inquisición. Se intuye mayor implicación de Bernardino con las ideas reformistas. Las relaciones con los alumbrados de Bernardino ni le favorecieron a él ni le favorecieron a Juan. Contrasta el deseo de Juan, avisando a su hermano Tovar de que se aleje de los alumbrados, con la obsesión de la Inquisición por tachar a Juan de luterano. Esa carta[23] demostraría su erasmismo y tiraría por tierra esa posible afiliación luterana. Su hermano Bernardino fue encarcelado de inmediato, y parece

---

[20] BATAILLON,M. *Op. Cit.* p. 454
[21] BATAILLÓN,M. *Op Cit.* P 444
[22] BATAILLÓN,M. *Op.Cit.* p. 442
[23] Véase cita 17, página 93

ser que no tuvo la misma suerte que Juan pues no gozaba de los privilegios ni de los contactos que se había fraguado Juan en otros años, incluso *«Juan de Vergara disponía de poderosos medios de corrupción»*[24]. Supuestamente fue juzgado en Valladolid junto con otros alumbrados con los que mantenía relación, imaginamos porque sería allí detenido junto a los demás, pues siendo de Alcalá le correspondería el Tribunal de la Inquisición de Toledo.

3) Otra de las cuestiones de su proceso son *«los libros de Salomón»* y las traducciones del griego al latín, es decir, comenta en el proceso su trabajo en *«la Biblia del Cardenal»* algo inaudito pues como bien explica Bataillón *«Si fuera herejía confrontar la Vulgata con los originales de los libros bíblicos, habría que proclamar herejes a San Agustín y a San Jerónimo[…] hereje el Cardenal Cisneros, que reprodujo las anotaciones de este último en su Biblia Políglota;hereje el Papa León X, que en dos breves elogió la labor de Erasmo sobre el Nuevo Testamento,llamándola obra santa, y exhortándole a que la publique como útil a los teólogos y a la fe»*[25]

Su otro hermano, Francisco de Vergara, en un segundo plano más discreto, fue catedrático de griego en la Universidad Complutense, tradujo la novela bizantina de Heliodoro *Teágenes y Cariclea* muy influyente en el *Persiles* de Cervantes. Pero al igual que todos los Vergara, defendía su pensamiento y el de su familia tomando partido por los Comuneros.

Juan de Vergara, terminará recluido en el monasterio de San Agustín y a pagar una multa de mil ducados. Con el tiempo su reclusión pasa al recinto de la catedral. Desde luego, gozó de un trato de favor, y no pasó por el análisis de consan-

---

24 BATAILLÓN, M. *Op. Cit.* p. 443
25 BATAILLÓN,M. *Op. Cit.* pp.440-441

guinidad para ver sus orígenes judíos[26]. Su tumba se encontraba en la capilla del Colegio de San Ildefonso, supuestamente destruida.

5.2. Juan de Valdés

Es una excepción pues no sufrió un proceso de fe como el resto de complutenses, pero consideramos fundamental nombrarlo.

Resulta difícil encasillarlo. Aunque en algunos puntos es más claro que Vergara, pues por ejemplo Juan sí defiende la *Sola Fides*. Lo confuso de Juan es que no termina de desvincularse del todo del Catolicismo debido a sus raíces erasmistas, lo que no es de extrañar en este período puente del erasmismo al protestantismo. Su formación estudiantil, en la esencia más cisneriana de la Universidad de Alcalá le marcará ideologicamente al igual que el resto de personajes.

La Inquisición siempre le perseguirá como luterano, especialmente por su obra *Diálogo de Doctrina Christiana* (publicada en Alcalá de Henares en 1529) Aunque él se librará de la Inquisición, esta doctrina se enseñará a sus seguidores en Italia, un grupo de seguidores reformistas al estilo del humanista español, conocidos como Los Valdesianos.

Juan, a pesar de ser hermano de Alfonso de Valdés y de estudiar los dos en la misma Universidad de Alcalá, toman caminos muy distintos y con finales muy diferentes, entre otras cosas por la diferente implicación de cada uno en las ideas reformistas-erasmistas. Juan regresa de Italia y muere en 1542.

[26] BATAILLÓN, M. *Op. Cit.* p. 467

5.3. *Miguel Eguía*[27]

Su último trabajo en Alcalá fue la impresión de la obra de
Juan de Valdés pues al año siguiente fue acusado de herejía.
Pertenece al grupo de complutenses denunciados en Alcalá
por Francisca Hernández. Nada sabemos de su proceso, si se
destruyó o que pasó con el, lo único que conocemos es gracias
al proceso de Juan de Vergara. En cualquier caso, después de
salir de la cárcel y ser absuelto en 1534, abandonaría Alcalá de
Henares dejando su imprenta al cargo de otro impresor, y volviendo a su pueblo natal de Estella (Navarra) siendo el primero en introducir la imprenta en esta zona.

Miguel Eguía, al igual que Vergara, disponía de una capacidad económica que le permitió pagarse una buena defensa, y
salir lo mejor posible de esa situación. Se le acusaría de apoyar
y difundir con su imprenta tanto la ideología erasmista como
la luterana.

A pesar de ser impresor, demostró ser un hombre de notables facultades intelectuales, pues se codeaba con otras personalidades de los círculos humanistas complutenses. De ahí que
luego estuviera entre los sospechosos, pues evidentemente, era
un erasmista convencido al igual que Vergara y Valdés. De su
imprenta alcalaína salieron los libros más importantes, sobre
todo de Erasmo, publicados en España, entre otras cosas por
tener el monopolio para imprimir ciertas obras otorgado por el
Emperador e incluso reimprime las obras de Erasmo con la protección de Fonseca. El éxito empresarial de Miguel le permitió
poseer lo que hoy llamaríamos «franquicia», en este caso de
imprentas en Alcalá, Toledo, Valladolid, Logroño y finalmen-

---

[27] GOÑI GAZTAMBIDE,J. «El impresor Miguel Eguía procesado por
la Inquisición (1495-1546)» *Hispania Sacra: revista de historia eclesiástica,
vol.1,n°1* (1948) pp. 35-88

te Estella. El negocio de los libros le reportaría buenos beneficios en los primeros años, pues una vez iniciados los procesos y ajusticiamientos, no solo por su caso personal, sino porque el negocio de la imprenta en general en España se resentirá.

5.4. Juan López Celaín[28]

También acusado por Francisca Hernández. Vizcaíno (o burgalés, hay discrepancias en cuanto al origen) tenia como misión difundir el luteranismo. Acababa de huir de la cárcel de Granada, coincidió en la casa de Miguel Eguía con Rodrigo de Bivar sobre 1530. Quemado por la inquisición no sólo por no delatar a sus iguales sino por que a diferencia de los anteriores, éste sí era un luterano convencido.

Tuvo sus inicios con la alumbrada Isabel de la Cruz a través de la cual, buscó su propio camino, encontrando el luteranismo, aunque estos orígenes ha dificultado a algunos historiadores decidir su ubicación, si el iluminismo o el luteranismo, ciertamente es difícil, pues es un período de tiempo muy corto y muy compacto en ideologías.

A través del proceso de Vergara y de Bivar se conocen las proposiciones que Celaín defendía, y que si recordamos las características que apuntábamos en el primer capítulo sobre el luteranismo no cabe ninguna duda de su luteranismo. Estas has sido recogidas por Selke[29] y hemos tomado algunas de ellas que hacen referencia directa al luteranismo como por ejemplo la Sola Fides, la predestinación, la negación del libre albedrío,de

---

[28] SELKE DE SÁNCHEZ, A. «Vida y muerte de Juan López de Celaín. Alumbrado vizcaíno», *Bulletin Hispanique,tomo 62,nº2,* (1960) pp.136-162

[29] SELKE DE SÁNCHEZ,A. Idem. pp. 156-157

la misa, de las obras, y de las normas impositivas de la Iglesia, y que son:

> «*Que para salvarse el hombre basta amar a Dios con fervor sin hacer obra alguna buena*
>
> *Que las obras que se hacen fuera de caridad y estando fuera de graçia, que son de ningún fruto al que las haze*
>
> *Que es cosa de notar mucho la ynorancia de los que dizen que no podemos ni devemos careçer de libertad e que en ello van totalmente contra el evangelio*
>
> *Jesucristo una bez fue ofreçido por nosotros en sacrifiçio y basta para nra. redempcion…por esto no ay neceçsidad de dezir misa ni ayunos ni obras meritorias, que por sola la ves que Dios se ofrecio nos fueron perdonados todos los pecados*
>
> *[Volver a las obras de penitencia] sería otra vez volver a crucificar a Jesucristo*
>
> *…que ya Dios le a llamado que quiera o no suyo será*
>
> *…los que son espirituales no son obligados a las leyes comunes e preceptos mayores de la Yglesia*
>
> *…se determinó que los clérigos que no pudiesen bevir castamente que era mejor que se casasen* »

Otra de las acusaciones que no le salvarán será la idea de *«reclutar doce apóstoles llamados a evangelizar [...] como primera fase de esa gran utopía del iluminismo español: la reformación de la verdadera cristiandad[...] Para predicar las nuevas doctrinas, claro es; y buscando hombres dignos de esa misión, se dirige en primer lugar a los círculos intelectuales y erasmistas de Alcalá y Toledo. El Bachiller Bernardino Tovar había de ser el principal de ellos, el maestro castillo, el clérigo Gaspar de Villafaña, y Miguel de Eguía, impresor de Alcalá, también son elegidos. En Toledo, Diego López de Husillos,[...]Fr. Francisco Hortíz(cura de la capilla de Sn. Pedro) el maestro Gutierre de Ortiz (del colegio de Toledo) y al clérigo cantor Luis de Beteta. También son "llamados a la bandera" Pedro Hernández, canónigo de Palencia, Fr. Alejo de Venegas (au-*

tor de Agonía del Tránsito de la Muerte de 1537) y sobre todo Fr. Tomás de Guzmán, de la orden de Santo Domingo.»[30] ¿Son estos 12 apóstoles a los que se refería Francisca Hernández o al menos una parte de ellos? Se considera este hecho una utopía de Celaín, que no se llegó a realizar, pero, conociendo Alcalá de Henares en ese período y quienes residen en Alcalá, este era un grupo hermético, clandestino y muy discreto, y no eran los únicos; tal vez estos fueran los que quería reunir Celaín, pero otros como Juan de Vergara, Petronila Lucena o Juan de Valdés, que a su vez tenían el mismo objetivo reformista y se conocían entre ellos y tendrían conocimiento de esos movimientos, así, podemos pensar que hay algo de verdad y no todo es utopía.

Juan López Celaín será encarcelado en Alcalá de Henares hasta su sentencia y muerte.

5.5. Rodrigo de Bivar[31]

Clérigo originario de Guadalajara, a través de Don Diego Hurtado de Mendoza, se inició en el movimiento reformista alumbrado castellano manchego, donde coincidió con Pedro Ruíz de Alcaráz y como no, con la franciscana Isabel de la Cruz. De aquí, saltó a Alcalá de Henares, donde se cocía todo el humanismo reformista, donde entabló conexión con Bernardino Tovar, Miguel Eguía, Juan López Celaín, Juan de Vergara, Alfonso Virués, Pedro de Lerma. Relaciones que nada ayudaron a Rodrigo, aunque no tuvo ningún problema en reconocerlas, especialmente con Isabel de la Cruz. Reconoce su

[30] SELKE DE SÁNCHEZ, A. *Idem.* pp. 144-145-146
[31] HAMILTON, A. *Op.Cit.* Es una transcripción completa del proceso original.

coincidencia con Celaín en Alcalá y en casa de Miguel Eguía, donde hablaron de temas «peligrosos» o como se dice en el proceso *«avian hablado de cosas tan altas que aynas se quemaron las alas»*[32] y de las Paráfrasis de Erasmo[33].

Pero los motivos principales de su acusación se resumen en las siguientes proposiciones:

«Que la oración mental exçedía a la vocal y que a aquella se avian los hombres de atener, porque la oraçion mental excedia tanto a la vocal como exçede el espíritu a la carne»[34]

«ny aveys de hazer caso de los santos ny aveys de rezar ny rogar a ellos nada sino solo a Dios»[35]

«Mira, señor, que lo que agora hablavamos,, que yo querria quitarme de aquí: esto es lo que quiere la ley Abneget semetipsum, y es que no sygamos nuestra voluntad syno que para cumplir con la ley nos hemos de estar aquí»[36]

«[…] que no yria a maytines, aunque se lo mandase su letrado, sy Dios interiormente no le moviese[37]

«[…]y que no avia otro infierno syno la ofensa de Dios»[38]

«[…]que las lagrimas corporales hechadas quando se representava la passion de Nuestro Señor Redemtor Ihesu Christo, que si no se hechavan primero con el coraçon que eran carne y que no se debia hazer[39]*»*

La sentencia de 1539, realizada en Alcalá de Henares, consistió en ser excomulgado y pagar diez mil maravedíes para los

[32] HAMILTON, A. *Op. Cit.* p. 32
[33] HAMILTÓN, A. *Op.Cit.* p. 52
[34] HAMILTÓN, A. *Op. Cit.* p. 21 y 53
[35] HAMILTON, A. *Ibidem.*
[36] HAMILTON, A. *Op. Cit.* p. 55
[37] HAMILTON, A. *Ibidem*
[38] HAMILTON, A. *Ibidem*
[39] HAMILTON, A. *Op. Cit.* p. 60

gastos del Santo Oficio. Posteriormente, en Toledo se resumieron las acusaciones y se consideró que quería *«reprovar las constituciones y estatutos de los sumos pontifiçes, como Lutero, y sus seguaçes [...] es sospechoso contra la fe, el predicar y declarar la Sagrada Escriptura y Evangelio en publico ny secreto[...]»*

Finalmente, en agosto de 1539 se declaró la sentencia de excomunión y ser recluido en un monasterio *«que los señores Ynquisydores le señalaren»*, a sufrir penitencias espirituales y pagar la cuantiosa suma de 200 ducados. Por estas proposiciones fue condenado por luterano, sus orígenes alumbrados quedaron en el pasado, pero es un ejemplo mas de movimiento preluterano como decía Hamiltón.

5.6. Petronila Lucena[40]

Perteneciente a la familia de los Lucena de Alcalá de Henares, de origen hebreo y dedicados al comercio de libros, tenían una finca en la Garena, donde parece ser, se reunían sus hermanos y otros erasmistas y alumbrados. Petronila fue encarcelada entre 1534-1535 y cuando leemos el proceso, nos damos cuenta que Petronila, es detenida para hacerla confesar a cerca de sus hermanos, el objetivo de los inquisidores. Prácticamente todo gira en torno a sus hermanos, Juan y Gaspar de Lucena, y qué pudo haber oído o visto Petronila de otros posibles luteranos. Resumiendo, habría tres sucesos principales por los que se la acusa.

Empezó contando que no sabía de que se la acusaba, que tal vez *«una mora que se llamaba Ana de edad de trece años[...] aviendola castigado[...]andaba diziendo algunas cosas despues de salir de casa [...]que la dicha muger de Gaspar lucena avia parido*

<hr>

[40] AHN. Inquisición 111,exp.14

*una gentuza [...] e tambien andaba diziendo la dicha mora que[...]
Francisco de Olmedilla estando diziendo misa en casa de la dicha
muger de Gaspar de Lucena avia echado la ostia debajo del altar
[...] e que[...] una hermana de la muger de Gaspar de Lucena que
se llamaba doña Catalina muger de Francisco de Sosa hazia pan
çenteno»* [41]

Desviar la atención de los inquisidores fue muy inteligente
de su parte pero estos siguieron *amonestandola.*

La siguiente declaración de Petronila, gustó mas a los inquisidores; *«el maestro Juan del Castillo su hermano, dio a esta
delatante un libro pequeño de mano como unas oras de reçar de
molde y en latin e le dixo toma ese libro guardale [...]le pregunto
que libro era y el dicho maestro Castillo le dixo que no curase de
saber que libro era que si no le queria tener que le diese a Gaspar
de Lucena su hermano o que le rompiese...Castillo dixo [...]que
era libro que estaba vedado que le rompiese[...] le echo a un
arroyo que si esta era de las que supiera latin myravalo que era
con letra del dicho libro era Castellana aunque esta declarante no
lo entendiera bien»* [42]

En tercer lugar se la preguntó por las cartas que Juan del
Castillo mandaba a Petronila, pero que el traidor de Diego
Hernandez había dado a los inquisidores; *«esta declarante no
sabe de ninguna de las dichas cartas ni donde estan preguntada si le
mostro a alguna persona o personas las cartas que el dicho su hermano le escrivia estando en Alcala o fuera de Alcala dixo que las
mostro a las personas que las copiavan e las querian leer»* [43]

Por otra parte, de entre las proposiciones luteranas, se recogen las oídas a Gaspar de Lucena y algunas de Petronila.
Hemos recogido las siguientes como ejemplo:

---

[41] *Ibid,*f. 9r-v
[42] *Ibid.* f. 12v
[43] *Ibid.* f. 19v

«que dios nuestro señor avia revelado esto a Mahoma [...]»
«dezia que no havia libero arbitrio[...]»
«no era obligado ny tenidos a rrezar las horas canonicas [...]»
«leyendo un libro de ecolampadio en sentir tuve e crey» [44]
«que en la hostia consagrada no estava el cuerpo de dios[...] sino
solo pan y vino» [45]

Una heroína de la época, tuvo que soportar el menosprecio de ser considerada *«idiota y sin letras»*, a pesar de ser una mujer con muchísimas inquietudes intelectuales, pero careció de estudios, cosa que no le faltó a Isabel de Vergara, que por ser de la familia que era, hablaba y escribía latín. Por esas diferencias la relación entre ellas dos no debía de ser muy buena, cuando uno de los testigos, Diego Hernández, cuenta como *«esta petronila hazia burla de Ysabel de Vergara porque hera muy herasmica [...] esta save mas y siente mas sin letras que la otra con ellas».* [46] Es decir que había una gran diferencia de personalidades entre ellas, mientras Isabel era más pragmática, Petronila se dejaba llevar por los sentimientos, pues un poco antes, el mismo testigo dice de ella: *«con lo de lutero que no se conformaba en el sentirlo»* [47] Por otra parte, como apunta la investigadora Stefania Pastore, el abismo entre ambas mujeres se debía también a un alejamiento entre erasmistas y luteranos por intereses, los erasmistas querían salvar sus vidas.

Si algo la salvó fue hacer el papel de doncella ingenua, y que no sabía leer latín, pero manteniéndose firme con el *«que no lo sabe»* o *«que no se acuerda»* para ciertas declaraciones. Además, sabiendo sus hermanos que ellos no tendrían solu-

---

[44] *Ibid.* f.11v
[45] *Ibid.* f. 21.
[46] *Ibid.*f.3
[47] *Ibid* f.2v

ción, solo podían salvar a su hermana[48]. Asimismo Petronila, siguió la siguiente estrategia; *«Dixo que ella tenia por loco a su hermano Juan del Castillo y que tambien converso con Diego Hernández que es otro que bien bayla [...] Y dixo mas que con Tovar y con Miguel de Eguia han hablado algunas vezes y con la hermana de Tovar tambien tenia conocimiento»*[49] Ademas, la misma Petronila solicitó a los inquisidores su perdón pues *«Yo soy donzella y huerfana y queria dar asiento en mi vida»*[50] Finalmente fue absuelta bajo las siguiente sentencia del inquisidor: *«Petronila revocolo que tenia dicho e depuesto contra ella estando en el tormento y fuera de y la susodicha no tiene otra provanza que sea suficiente[..]se devia de soltar de la dicha carcel y dar pobre fianças»*[51]

Bataillón se preguntaba en su obra la siguiente cuestión: *«[...] ¿Se puede hablar de un protestantismo español en esos años turbulentos que van desde 1536 a 1556? Parece que, en su rigor extremo la fórmula puede aplicarse a ciertos emigrados que entraron más o menos en contacto con los protestantes del Norte. Pero aún así, hay que mirar las cosas más de cerca»*[52]

Eso es lo que hemos hecho nosotros al tratar el protestantismo en Alcalá de Henares, mirar las cosas más de cerca y en respuesta a la pregunta que se hacía, en los años esos aún es muy pronto para hablar de protestantismo español, ya que la macedonia religiosa es muy amplia y lo que es concretamente protestantismo se está configurando. Sí se podría hablar de preluteranismo como ya había apuntado Hamilton, y será de 1556 en adelante cuando sí encontremos células de protestan-

---

[48] PASTORE,S. *Idem.* pp. 70-71
[49] *Ibid.* f.15
[50] *Ibid.* f.29
[51] *Ibid.f.27v*
[52] BATAILLÓN,M. *Op. Cit.* p. 509

tismo español, como veremos en el capítulo siguiente, unas veces formadas por españoles y otras formadas por protestantes extranjeros que de algún modo van dejando su granito. Sin embargo, dice Bataillón, de aplicar la fórmula a los emigrados, pero no es necesariamente así, pues el comercio de libros es muy extenso y un solo libro puede ser una pólvora para difundir una idea. Además, y como decía Juan de Vergara, la corte estaba llena de libros erasmistas y luteranos y los libros de Lutero se difundieron por España alegremente hacia 1520, la misma Universidad de Alcalá fue la primera en recibir en su biblioteca fondos de obras luteranas en estos primeros años, con lo cual no era imprescindible viajar fuera, ni que vinieran de fuera para que los españoles pudieran conocer las nuevas ideas alemanas.

Capítulo IV:
LA POLÍTICA ANTIPROTESTANTE EN EL REINADO DE FELIPE II. EL PROTESTANTISMO CLANDESTINO DE ALCALÁ DE HENARES

La abdicación de Carlos V supuso un antes y un después en la historia del protestantismo español. Una vez limpia la corte de erasmistas, el sector ortodoxo ocupó su lugar. Además, Carlos V e Isabel educaron a su sucesor en la máxima ortodoxa religiosidad, por ello Felipe II demostrará una actitud más agresiva que la de su padre.

> «*This is a time of transition between two distinct epochs. Charles cedes his power to Philip II; an Emperor with a European and universal perspective, gives the highest responsibilities to a Hispanicised Philip [...]the unity of the «Universitas Christiana» now seemingly impossible and, finally, his own inheritance fragmented, irreversibly, as a result of sordid rivalries among his family [...] Heresy had been the cause of all of these evils, and as consecuence, heresy had to be punished.*»[1]

La nueva política se caracterizará por el fanatismo antiprotestante. «*The years 1558 and 1559, as is well known, produced the great anti-Lutheran outburst*»[2], siendo el fomento del miedo y del terror el modus operandi de esta gestión política, la cual no es solo fruto de Felipe II y el Inquisidor General Valdés,

---

[1] CONTRERAS, J. *Idem*, p.55
[2] CONTRERAS, J. *Idem*. p. 54

sino también fruto de la Contrarreforma. Debido a este nuevo funcionamiento Alcalá de Henares, va a ser encarrilada por otro camino. Ya habían terminado los procesos de fe a erasmistas y alumbradistas (considerados preluteranos) Ahora sólo quedaba controlar la población en la Villa de Alcalá de Henares. Es la época de control a estudiantes, control de las imprentas y las bibliotecas de la Universidad, e incluso, Felipe II, para limpiar la tradicional imagen reformista de Alcalá, hará que la ciudad se sume a la propaganda contrarreformista de exaltación del culto a los Santos, pues en 1568, Felipe II hizo traer de la Iglesia de San Pedro el Viejo de Huesca, los restos de los Santos Niños Justo y Pastor. Igualmente, en 1588 se canoniza a San Diego de Alcalá el santo sanador, que descansan en la Magistral. Y la publicación de la Biblia Regia, que no era la verdadera complutense, siendo una forma de limpiar la imagen de Alcalá, limpiarla de ese pasado reformista, pues de algún modo se debía de saber que la Políglota de Cisneros sirvió de base a las biblias protestantes. Empero, en las entrañas de Alcalá aun quedarán células de ideología protestante, aunque por los procesos sólo se conozcan personas aisladas, pero son procesos de fe muy importantes. Por otra parte, hay que entender que más de 40 años de pensamiento reformista no desaparecían de un plumazo, y ese germen erasmista, fundamentalmente, se dejará sentir en muchos personajes posteriores del Siglo de Oro español que vivirán en Alcalá de Henares.

1. El fanatismo del Inquisidor General Fernando de Valdés y Salas

Formado en la Universidad de Alcalá de Henares, pasó de estar en el lado erasmista a convertirse en un referente de la lucha anti-luterana. Ya habíamos hablado de él anteriormente cuando aparece en escena durante el reinado de Carlos V, pero su función más importante empieza ahora. De hecho este es el período llamado por los historiadores como *El apogeo del Santo Oficio*. No es de extrañar la presencia de Valdés y Salas en el gobierno de Felipe II, conociendo la fuerte ideología antiprotestante del monarca.

El 20 de Agosto de 1554 Fernando Valdés presenta un edicto[3], que afectará directamente a Alcalá de Henares, pues frente a la época anterior de proliferación del biblismo, en que la Universidad Complutense era referente, llegamos a una época donde se va a controlar cualquier escrito sospechoso, empezando por las biblias. En el edicto se especifica quienes se encargarán de ese control, la universidades afectadas y obligadas a colaborar, norma que veremos con el tiempo asentada en las figuras de los visitadores.

> *«[…] Inquisitionis cosilio etiam multos doctos […] tam ex universitatibus Salamanticensis et Complutensi […]»* [4]

También es muy claro con respecto a los lugares que se ven afectados, lo que no se puede hacer con los ejemplares y qué tipo de Biblias son las prohibidas.

> *«Primum igitur statuimus et ordinamus, tu nulla Ecclesia, monasterum, Collegium, universitas, [au] persona singularis mipsis Regnus et dominis existens cuiusuis status conditionis aut […] fueris presumat, habere, legere, aut vendere aliquam Biblia aut testamentum novum ex notatis […]censura dictar Impresionum depravatar que delata et importata […] Volumus autem Biblia Lutheris,…Ro-*

---

[3] AHN. Inquisición,MPD,341. *Edicto del Inquisidor general Fernando de Valdés*.1554

[4] *Ibid.* f.1

berto Stephanum[5] *cum duplici translatione vulgata[...]testamentum novum[...]quod quidem refectum est tot erroribus»*[6]

Por lo tanto, este edicto va ha suponer un anticipo de lo que llegaría después con el nuevo reinado de Felipe II, como el proceso de Bartolomé Carranza en 1559 y el Nuevo *Index Librorum Prohibitorum* también de 1559, en el cuál Valdés decidió incluir bajo su criterio nuevos ejemplares, un ejemplo famoso incluido en esa época, en ese índice es, *El Lazarillo de Tormes*.

La Política de Valdés coincide con las directrices contrarreformistas, es decir las que marcan los Papas tridentinos. Consolidan la leyenda negra de la Inquisición española, pero como toda propaganda contrarreformista ellos también crean una leyenda negra sobre los protestantes europeos.

Lo terrible de éste período es el modo en que se reabren los casos del período anterior para juzgar a los herejes, inclusos estando ya muertos, para aplicarles la nueva ley más dura. Lo que se pretende con ello era implantar terror en la sociedad, incuso se llega a actos de total macabrismo como las exhumaciones de los huesos de Egido para ser quemados. ¿Ocurrió lo mismo con Juan de Vergara u otros complutenses supuestamente enterrados en la capilla del colegio de San Ildefonso? Bien hace notar Cayetano Enríquez de Salamanca, en su crónica de Alcalá que *«En ésta nave hubo enterramientos de algunos de los más ilustres profesores complutenses, tales como Antonio de Nebrija, fallecido en Alcalá en 1522, Diego López de Estúñiga, Juan de Vergara; Demetrio Lucas el "Cretense"; Fernando Pinciano; Alonso de Zamora; Pablo Coronel; Alonso el "Complutense";*

[5] Roberto Stefphnus es un impresor calvinista conocido por la Biblia Roberto o Biblia de Ginebra.

[6] *Ibid.* f.1v

los médicos Francisco Vallés y Antonio de Cartagena y los arquitectos del colegio Pedro Gumiel y José Sopeña. Por diversas circunstancias han desaparecido los restos y lápidas de todos ellos, exceptuando la dedicada al "Divino Vallés"» [7] Queremos decir, que cabe preguntarse la posibilidad de si algunas de estas tumbas, fueron destruidas por la condición de herejes de algunos de ellos como Juan de Vergara, y que le pudiera pasar lo mismo que a Egido, que fue exhumado aún después de su sentencia, para quemar sus restos al ser considerado un hereje sin derecho a un lugar santo de descanso. ¿Pudo ser ésto un acto de destrucción de toda memoria de los erasmistas, hacer *tabula rasa* en Alcalá de Henares de todo lo que dio lugar a una proliferación del luteranismo?

La nueva ley del inquisidor Valdés es extrema, era difícil por no decir imposible salvarse con sólo retractarse, *«la única misericordia que la Inquisición tiene con éstos arrepentidos consiste en darles garrote antes de quemarlos, en lugar de entregarlos vivos a las llamas»* [8]

2. Control de la entrada y salida de las ideas protestantes

Para la intervención de esta política antiprotestante, se blindó la Península por dentro y por fuera. El despliegue del Santo Oficio se extendía por toda una red de administraciones en las distintas provincias, desde el interior hasta la costa, e incluso un control de ultramar y por Europa, que informaba de las actividades de los protestantes. Tal vez, lo más importante sea el control de los puertos o conocida como «Inquisición del Mar». Se sospechaba de los libros heréticos que entraban por

[7] ENRÍQUEZ DE SALAMANCA,C. *Op.Cit*, p. 106
[8] BATAILLÓN,M. *Op.Cit*, p. 709

los puertos pues suponían un modo de abrir brecha en la Península para introducir el pensamiento evangélico; detrás de esta estrategia se veía a los países del norte. Por tanto, para el control de la entrada y salida de libros, especialmente desde los puertos, se estableció una *cédula* real en 1558[9]. El único acceso libre de publicaciones se encontraba hacia las Indias, y claro está, aunque Alcalá de Henares tuviera mucho que ver en la implantación de las imprentas en el Nuevo Mundo[10], se controlaba la difusión que allí se ejercería, aunque en un continente tan grande no sería difícil coincidir con publicaciones evangélicas.

Volviendo al continente europeo, la censura, control de librerías, libreros, imprentas, bibliotecas e incluso las bibliotecas de los conventos, para asegurarse de si tenían o no libros prohibidos, como habíamos leído en las normas del edicto de 1554, se convirtió en una práctica normal. Todo el proceso industrial, comercial, de distribución, y propiedad privada de cada una de las personas que poseían o pudieran poseer libros heréticos y depravados, quedaban bajo examen inquisitorial. *«El estudio, empero, de la censura, en el caso de España, es inseparable del de la legislación, sobre la imprenta y el comercio librero, ya que desde la pragmática de 1502 de los Reyes Católicos la jurisdicción secular y eclesiástica se confundieron[…]La censura de las publicaciones y escritos tiene en España carácter de unidad»* [11]

Llevaban años entrando libros extranjeros dentro de la Península desde antes del reinado de Carlos V, incluso se publi-

---

[9] PINTO CRESPO,V.: «Thought Control in Spain», en HALICZER, S. *Op.Cit*, p. 179

[10] GONZÁLEZ NAVARRO,R. *Felipe II y la Imprenta en Alcalá de Henares*. Universidad de Alcalá de Henares. 1998c. p. 239 En: https://repositorio.uam.es/handle/10486/1474 (Consultado el 7/4/2014)

[11] GIL FERNÁNDEZ, L. *Panorama Social del humanismo español (1500-1800)*. Madrid. Alhambra, 1981, p. 507

caban y se traducían publicados en los primeros años con gran orgullo, como ocurría en Alcalá. Querer implantar ahora todo lo contrario, ya sería muy difícil controlarlo, aún así se aplicó por la fuerza. El Índice de libros prohibidos, no sería la única forma de censura, ciertas normas de control hacían una odisea una simple publicación, ya que desde el original o manuscrito hasta su edición, podía sufrir hasta tres revisiones inquisitoriales antes de tener el permiso de difusión de la obra. [12]

Hay historiadores que no miran este comercio de libros desde perspectivas religiosas, sino desde conceptos económicos. Por ejemplo, como Francia se vuelve más competitiva que España, entrando libros mucho más baratos y con papel de mejor calidad[13]. Sin embargo, si Francia se vuelve más competitiva no es por cuestiones técnicas únicamente, sino que, no va a sufrir como España, las persecuciones de todo tipo, especialmente a los impresores. ¿Podría cualquier industria funcionar sin trabajadores? Y como decíamos antes ¿se puede tener éxito comercial con tantísimas revisiones de un libro antes de ponerlo a la venta?

Otra forma de control de la entrada de las ideas evangélicas es mediante el control migratorio. Tan sospechosos eran los españoles que salían como los que volvían, y no digamos ya cualquier extranjero, especialmente franceses, flamencos e ingleses, que entraban en la Península o se sabía que vivían en alguna población española. Todos se verán obligados, hayan cometido infracciones o no, a dar cuentas al Santo Oficio sobre sus actividades; por lo tanto, muchos intentarán retornar a sus países de origen, pero ya no sería tan fácil.

[12] GONZÁLEZ NAVARRO,R. Op. Cit. p. 240
[13] GONZÁLEZ NAVARRO,R. Op. Cit.p. 236

3. Presencia de la Inquisición en Alcalá de Henares
y en su Universidad

La nueva política inquisitorial durante el reinado de Felipe II afectó seriamente a la Universidad de Alcalá de Henares. Empezó sus años de decadencia, en favor de una regeneración de la Universidad de Salamanca. Evidentemente, resultaba un peligro ser estudiante complutense ya que se asociaba a los herejes erasmistas, alumbrados o pre-protestantes de los acontecimientos pasados y presentes, por su fama defendiendo a Erasmo y al erasmismo, los procesos a personas de Alcalá, su cercanía a núcleos alumbradistas o/y preluteranos, publicaciones salidas de las imprentas de Alcalá que ya estaban en el Índice de libros prohibidos. Así pues, matricularse como universitario cisneriano suponía arriesgarse a que en cualquier momento pudieras ser acusado por la Inquisición. Salamanca, por su fama de ortodoxa, era un lugar mucho más seguro.

Pinto Crespo, señala un matiz importante, que nos remonta a ese enfrentamiento Alcalá- Salamanca, a pesar de que ahora Alcalá debía tomar otra postura por su bien. Dice así: «*During the sixteenth century, the collaboration of institutions and groups like the theology faculties of the University of Alcalá or Salamanca in the preparation of catalogues of prohibited books or in the qualification of certain works was not unusual. This collaboration between the universities and the Inquisition familiarised theologians and professors, more than was perhaps desirable, with the custom of appealing to inquisitorial authority in their intellectual conflicts and gave rise to a number of celebrated and painful disputes like that of the Salamanca Hebraists.*» [14]. También, Pinto Crespo hace referencia a como toda esta po-

[14] PINTO CRESPO,V. *Idem*, p.183

lítica de control dogmático dio lugar a un retroceso intelectual o como el dice *fossilising the Spanish academy*[15] y que ciertamente se sintió en el inicio de la decadencia de la Universidad de Alcalá.

Asimismo, las visitaciones se convirtieron en algo muy habitual en la Universidad de Alcalá, se obligaba a ello casi de modo amenazante. Las visitaciones comenzaron al poco de anunciarse la cédula de 1558 por Felipe II. Gonzalez Navarro[16], recoge algunos ejemplos de cartas dirigidas al Rector de la Universidad con orden de nombrar visitadores que examinen las imprentas, todas de 1572. Igualmente, José García Oro y Maria José Portela, en una publicación reciente también nos recogen ejemplos de visitas a todas las librerías de Alcalá, también fechadas en 1572. Las actas de dichas visitas nos muestran la actividad de dichos visitadores, en la clasificación, inventariado y custodia de los libros. También es curioso como por parte de los investigados, se procuraba no tener libros que ya se sabía eran peligrosos de tener. El gremio de libreros sufrió un varapalo económico, pues el negocio industrial que movía la cultura quedó destruido. *«cerrar la docena larga de tiendas principales, depositar los cientos de libros hallados en arcas cerradas con llave al mismo tiempo, inventariar puntualmente previo juramento de los libreros,...»*[17] Pero, como estos ejemplos de visitaciones ya están publicados, al alcance cualquier investigador, hemos preferido mostrar un ejemplo de esas visitaciones inédito. Hemos encontrado de modo casual una carta de los inquisidores a la Facultad de teología de

---

[15] PINTO CRESPO,V. *Idem*, p. 185

[16] GONZÁLEZ NAVARRO,R. *Op. Cit.* p. 252-258

[17] GARCIA ORO,J, y PORTELA SILVA, MªJ. *Felipe II y los libreros. Actas de las visitas a las librerias del Reino de Castilla.* Madrid. Editorial Cisneros. 1997,p. 20

la Universidad de Alcalá. Lo curioso es su extraña ubicación, mientras el resto de documentos que hacen referencias a las visitaciones de la Universidad se encuentran en el AHN, ésta carta está en la BN[18]. Fechada en 1561, la petición que se hace está evidentemente enfocada a limpiar las librerías de todo libro herético o sospechoso de serlo y ante la duda, se dice, consultar el Índice de libros prohibidos o al Santo Oficio. Dice así:

> «Nos los Inquisidores contra la heretica pravedad y apostasia en la muy noble ciudad arçobispal de toledo y ciudad obispado de siguença con los obispados de avila, y segobia[…]y diputados por autoridad apostólica, a los muy reberendos y mas señores, Rector, collegiales doctores y maestros en santa theologia de la insigne Universidad de Alcala de Henares bien saben o deben saber pues la experiencia lo a mostrado el notable daño que se a seguido y podria seguir en estos reynos de spaña de tener, oyr y leer libros que contengan herrores heregias y cosas perniçiosas, escandalosas y mal sonantes contra nuestra santa fee catholica y contra lo que tiene nuestra y [...]nuestra santa madre Yglesia de Roma y las grandes diligencias que se han hecho por muchos hediztos que se han leydo por este Santo Officio y cathalogos que se han impresso por mandado del Ilustrisimo Señor Inquisidor General y Señores del consejo [...] porlos quales se perçibieron aquellos que hasta entonces se pudieron ver y examinar [...] muchas suertes de libros que se tienen deber y que cada dia vienen o [....]quese ymprimen fuera destos reynos que podian contener los dichos herrores y enesta Universidad ay personas tan heminentes de tanta doctrina y letras e las demas calidades que para semejante negocio se requiere y por cuya censura parezcez calificacion de las proposiciones y herrores que en los

[18] BIBLIOTECA NACIONAL DE ESPAÑA (BNE). Oviedo,Juan de Fl. Papeles relativos a la Universidad. Hoja 114-116 *Provisión de los inquisidores de Toledo para que la facultad de Teología nombre 6 doctores para visitar las librerías y nombramiento de los mismos.* 1561

tales libros se hallaren como de personas tan gravee en su facultad es justo loacordemos y se haga nuevo catalogo e prohibicion dellos y que en las tales Universidades fuera destos reynos se ha hecho y haçe lo mismo confiando como se debe confiar de la Restituo Letrae y consciencia de los dichos señores Rector doctores[…] personas de la dicha Universidad que bien fielmente hagan lo uqe suxodicho es por el thenor de la presente lei cometemos y de parte de dios nuestro señor y d este Santo Officio le rogamos y encargamos […] se junten y manden juntar a claustro la dicha Universidad y de las tales personas de aquella facultad en quien concurran las calidades […]que el dicho negocio requiere elijan […]e nombren hasta en numero de seis personas o mas los quales y cada uno de ellos por si tengan special cuydado de Inquirir y procurar saber ver y examinar en si los libros obras y tratados y otras cosas en qualquier lengua questa viere assi en las librerias generales de la dicha Universidad como los questa vieren en poder de otras qualesquier personas […] Y la dubda o dubdas que les ocurrieren en la dicha examinaçion las comuniquen con las otras personas diputadas los quales para ello se junten con fuerza decidan y determinen lo que por la dicha su facultad alcançare y sus conciencias les dictare e calificadas, decididas e determinadas las dichas proposiciones hereticas scandalosas e herroneas y mal sonantes […]cerradas y selladas bien las enbien a nos retiniendo en si los tales libros obras y tratados y otras cosas que contengan los dichos hereges.»

El último folio corresponde con la respuesta de la facultad de teología de la Universidad de Alcalá, donde anuncia los nombres de las personas encargadas de esa tarea de la visitación y encautación de libros y otras obras heréticas. Coincide con los libros del claustro de la facultad de teología[19]. El nuevo inventario de libros de esta facultad fechado en 1564, tres años

---

[19] AHN. Universidades. L.419. *Libros del claustro de la facultad de teología. 1564-1582*

después de la petición de los inquisidores antes mostrada, nos muestra algún ejemplo del control del Santo Oficio[20]:

> «[…]y aviendo primero visto los libros [ynfrastutos]a ynstancias de [...] fernando de soto Ynquisidor de toledo les paresçio lo siguiente
> Primeramente que no es bien que ande el apocalipsis en Romana ni con exposicion ni sin ella
> Ytem les parescio que los libros menos que vienen de fuera del Reyno no vystos aca ni conoçidos nose puedan vender sin ser primero bistos
> Ytem que el libro Yntitulado de nativitate mediatori ultima se prohiba
> Ytem que [...] interpretaçione en cualquier lengua que ande se deva vedar
> Ytem que el libro yntitulado gesta romanorum [...] se deve vedar
> Ytem que la carta de Juan Ecolampadio que esta [...]de difundir que se quite [...]
> Ytem que en una epistola de melanton [Melanchthon] que esta en las estanterias de aristoteles se borre el nombre de melanton[...]»

El visitador, como vemos, era una figura fundamental puesta por la Inquisición para el control de las imprentas, librerías y bibliotecas, fue muy frecuente en el caso de Alcalá, incluso a veces causándose conflictos de competencias entre Toledo y Alcalá, sobre quien debe nombrar los visitadores o quien ejecutar las órdenes. Como decíamos en el apartado anterior, es muy frecuente encontrar actas y cartas que corroboran esta situación en Alcalá de Henares. Hemos preferido mostrar un ejemplo más, en relación a ésto, pero más cercano y que mejor nos muestra el miedo, la rebeldía, la situación conflictiva a la que llevan normas político religiosas de ese tipo. Es el caso de un proceso que se produce en 1566 contra tres jóvenes sacris-

---

[20] *Ibid. f.4-4v.*

tanes en la Iglesia de Santa María y estudiantes en la Universidad de Alcalá de Henares y que explicamos junto con el resto de procesos[21].

3.1. *Control inquisitorial a los estudiantes*

Al igual que los extranjeros, eran visto con recelo, veían en los universitarios españoles que se matriculaban en universidades extranjeras, como una forma de huir de la hoguera. Los estudiantes, como los extranjeros, eran vistos con sospecha, pues el hecho de viajar y estudiar en el extranjero les ponía en contacto con el protestantismo, en muchos casos buscaban conocer esa nueva doctrina, movidos por la curiosidad y lo novedoso, pero Felipe II decidió cortar con eso evitando lo máximo posible entradas y salidas de estudiantes para evitar su contacto con las doctrinas heréticas. Asimismo, se implantó dos importantes Decretos, el del 2 de Noviembre de 1559 en el cual se prohibía salir de España bajo ningún concepto, y al poco tiempo, a través del Decreto de 22 Noviembre de 1559[22] una ley por la que todos los estudiantes españoles que habían estado en el extranjero o estaban, debían presentarse a examen de la Inquisición. Evidentemente, esto afectó directamente a la Universidad de Alcalá de Henares y a sus estudiantes, y seguramente más a éstos que a los de Salamanca, ya que los de Alcalá eran más internacionales, tenían más miras hacia Europa, y ya había habido problemas en Alcalá en relación a detenidos por erasmismo y protestantismo. Tellechea Idigoras recoge un ejemplo de lo que les sucedió a unos estudiantes de Alcalá: Habla de como el padre Nadal y el padre Araoz tuvie-

---

[21] Ver capítulo IV, apartado 4.4, página, 135
[22] BATAILLON, M.. *Op. Cit.* p.720

ron que explicarse ante la inquisición sobre su idea de salir de España con cuarenta estudiantes:

> *«Hacía muy pocos días que él [Araoz] había dado orden al colegio de Alcalá de que los religiosos que iban a pasar a Italia se detuviesen hasta pasar la canícula[…] Iban a Roma a estudiar y a enseñar y llevaban orden de tomar otro estudiante de Alcalá y uno de Zaragoza. Eran Diego Acosta, Juan de Mariana y el padre Páez. Iban a Roma a explicar artes según se sabía por carta de Nadal […] La razón por la que no se aceptó la orden del padre Araoz,según el rector de Alcalá, era que corría prisa la salida[…]»* [23]

Gil Fernández, habla de *aislamiento universitario* [24] pues además de las trabas anteriores, ciertamente la situación para acceder a la Universidad se complicó con las limpiezas de sangre, y la difícil movilidad de sus estudiantes; a lo que hay que añadir la regulación y control de sus bibliotecas y publicaciones. Con la implantación de estas normas, se pudo iniciar una *política educativa basada en la «nacionalización» de la educación de tal forma que pudiera servir a los intereses del Estado, sin importar cuales pudieran ser éstos. En este sentido la historia posterior de las universidades de Castilla estuvo en gran medida determinada por la historia de la propia monarquía»* [25] Esta nacionalización de la educación es una causa fundamental de ese aislamiento de los estudiantes.

A partir de 1560, la segunda generación de reformistas exiliados esta formada por Juan Pérez de Pineda, Casiodoro Reina, Antonio del Corro y Cipriano Valera, una estirpe más sevillana que complutense, pero igual de luchadora. Sin ellos, el apoyo a otros exiliados españoles, especialmente religiosos y

[23] TELLECHEA. IDIGORAS, J. I. *Op.Cit*, pp 268-270
[24] GIL FERNÁNDEZ, L. *Op. Cit.* pp. 470-471
[25] KAGAN,R. *Op. Cit* p. 116

estudiantes con pensamiento protestante, habría sido muy
difícil.

3.2. *Control inquisitorial a la estructura industrial universitaria: Las Imprentas y los impresores en la clandestinidad*

Clive Griffin, historiador británico, a través de su investigación sobre impresores protestantes en España, nos descubre una historia de Alcalá de Henares antes desconocida, aunque su trabajo no se enfoque por el lado de la Historia Local.

Alcalá de Henares era la villa con mayor producción de libros y con las imprentas más importantes. De aquí saldrán las obras más polémicas. En estas imprentas alcalaínas trabajan impresores extranjeros; era más habitual que los empleados de las imprentas fueran extranjeros, flamencos, portugueses, franceses o alemanes, que no españoles. Estos levantaron las primeras sospechas nada más entrar la Inquisición en la Universidad pues, por el hecho de ser de fuera se imaginaban que su condición religiosa era la luterana y que seguramente practicarían en la intimidad. Sus prácticas, *criptoprotestantes* o clandestinas, también las practicaban españoles, especialmente los que provenían de una línea alumbradista. En muchos casos, sobre todo entre conversos, iluministas y protestantes, el hecho de asistir a misa era más un formalismo social, para aparentar ante el resto de la población y evitar acusaciones infames, que no un sentimiento real de querer practicar la fe católica. Empero, en muchas ocasiones era difícil reprimirse y en muchas situaciones afloraba su pensamiento y su sentir; y en aquel entonces incurrían en frases peligrosamente blasfemas y que de hecho se utilizaban como pruebas en los procesos, a través de los testigos que las escucharon. Esta represión de unas ideas que no es incompatible con creer en ellas, es lo que se conoce como *Nicodemismo*[26].

Es curioso como todo este grupo de impresores, concentrados en Alcalá, formaban tambíén una comunidad religiosa, y aunque no pudieran expresarlo a voz alzada estaban muy cómodos en Alcalá por la ideología que la Universidad defendía; de hecho, al saberse de los controles que va a iniciar la Inquisición, la mayoría de ellos salieron huyendo, unos fueron a Toledo, donde había trabajo, pero no era un lugar seguro, y otros intentarán cruzar la frontera a Francia. El grupo se destapa cuando un detenido, vecino en Alcalá de Henares, Guillermo Herlín, delata e incluso acusa falsamente al resto de compañeros; Pierre e Isabel Reginer, Enrrique Loe, Pierre de Rinz, Pierre de Ribera, todos vecinos de Alcalá de Henares y trabajadores en las imprentas de Andrés de Angulo[27], Juan de Villanueva, Sebastián Martínez, Juan Gracián y Juan Íñiguez de Lequerica y Villarreal. alrededor de 1570 *«Detener a Herlín fue como lanzar una piedra en un estanque: las hondas se extenderían desde Alcalá a las imprentas de todo el país»*[28] Todo un ejemplo que demuestra como Alcalá de Henares era todo un núcleo de irradiación y de gestación del protestantismo con este notable grupo de personas de ideas evangélicas. Todos salen huyendo un año antes de las visitas a imprentas, librerías y bibliotecas.

Se ha apuntado la teoría de una tipografía de baja calidad coincidiendo con los años de inspección de imprentas y procesos a sus trabajadores[29] De hecho, los autores preferían enviar

[26] GRIFFIN, C. *Oficiales de imprenta, herejía e inquisición en la España del siglo XVI*. Traducción de Héctor Silva Mínguez. Madrid. Ollero y Ramos editores, 2009, pp .314-315

[27] Angulo, cuñado de Brocar, heredó el taller de éste.

[28] GRIFFIN, C. *Op. Cit*, p 63

[29] GRIFFIN, C. *Op. Cit.*, p. 126

sus obras a editar fuera del país[30]. Pero como decíamos al comienzo, cómo no se iba a hundir la imprenta en Alcalá si todos los trabajadores tuvieron que huir. Sólo quedarían impresores no sospechosos, porque empezaron ha publicar obras aceptadas, o más bien, en defensa de la ideología felipista, y también quedarían ciertas librerías que se mantenían por los universitarios que aún demandaban libros para los nuevos estudios.

4. Procesos de fe a complutenses durante la segunda mitad de siglo XVI

Además de los impresores, otros ciudadanos de la villa de Alcalá de Henares también se vieron afectados, como Sebastián Martínez, clérigo natural de Alcalá, sospechoso de estar vinculado al luteranismo, es acusado de difundir panfletos heréticos, por Alcalá, Toledo y Valladolid, pero no se conocen grandes detalles más allá de esto[31]. También, Matheus Bossulus, pintor en Alcalá hacia 1568, se le acusó de haber publicado en Barcelona un libro de retórica *Institutiones Metoricae*.[32] En Carranza no vamos a entrar porque es un proceso harto conocido y con muchas publicaciones al respecto, pero es indiscutible su vinculación con Alcalá de Henares. Recuerda un poco al proceso de Vergara en el hecho de acusarle de tener documentos heréticos y luteranos cuando lo que tenía eran estudios de los mismos.

Ahora, vamos a dar importancia a los procesos de otros complutenses, en algunos casos totalmente desconocidos, y que nos van a sorprender, pues demuestran la existencia clara de que el pensamiento protestante en Alcalá de Henares esta-

---

[30] GRIFFIN,C. *Op. Cit.*, p. 215

[31] GRIFFIN,C. *Op.Cit.* p. 128-129

[32] GRIFFIN,C. *Op.Cit.* p. 219

ba más asentado de lo que se piensa, siempre en la clandestinidad, y sólo salía a la luz si se denunciaba a la persona, en caso contrario se procuraba mantener las formas y no levantar sospechas, con un comportamiento como cualquier católico.

4.1. Rodrigo de Bivar «el mozo» [33]

Seguidor de las ideas de su padre, éste también clérigo con ideas afines al protestantismo, se le acusó, en éste proceso de entre 1553-1554, de «*haber llamado a la imagen de Nuestra Señora "esse madero"* [34]» y negarse a ornamentarla. Con lo cual, sus dos errores luteranos son el rechazo del culto a las imágenes y en especial contra el culto a la Virgen María. Por otra parte, y en relación a las imágenes, se le acusó de negar las peregrinaciones a otros santuarios de la virgen, rechazando con ello las indulgencias. Evidentemente, para defenderse, Rodrigo, dijo que todo se debía a acusaciones frutos de enemistades y venganzas, por ejemplo Rodrigo dijo que una de los testigos que le acusa, Bárbara Ramírez, la habían oído decir «*del porque no le dejaba poner un velo y una toca a Nuestra Señora*». Ciertamente se corrobora en el proceso esas enemistades en su mayoría nacidas del mismo problema, esa negativa de Bivar de no permitir el culto y las ofrendas a la imagen.

«[…]la muger de mota, barvero vezino desta villa, ha dado en vezes una corona de plata para la ymagen de nuestra Señora que esta

---

[33] FERNÁNDEZ MAJOLERO, J. *Proceso inquisitorial a Rodrigo de Bivar «el mozo» clérigo de Santa María (1553-1554)*. Alcalá de Henares. Institución de Estudios Complutenses. 1989

[34] FERNÁNDEZ MAJOLERO, J. *Op. Cit.* p. 14 y 74. Se piensa que se refiere a una talla de madera del siglo XIII de la Iglesia de Santa María, hoy en el Hospital de Antezana.

*en el altar maior de la Yglesia de Santa Maria y una diadema de pal-
ta para el niño Jhesus, y una ropa de raso carmesí y una velo. Y otras
personas han dado para la dicha Ymagen dos sartas de corales y una
patena, e se lo puso todo a la Ymagen de nuestra Señora. Y sabe e ha
visto este testigo como Rodrigo de Bivar el moço [...]ha dicho muchas
vezes que está mal la dicha Ymagen con las dichas cosas e que se las
quiten, en especial con el dicho velo, diziendo que estava desho-
nesta.»*[35]

De entre otras proposiciones heréticas «*el dicho Rodrigo de
Bivar dixo a una persona que andaba enderçando una ymagen muchas vezes y le hazia adoraçion y reverençia y daba cosas para que
la adorassen:"dettrás de la cruz está el diablo"*»[36]

Fue de los primeros protestantes apresados en Alcalá de
Henares al poco de iniciarse el reinado de Felipe II. Se puede
ver como una continuación del período anterior en la busca y
captura de protestantes o se puede ver como un anticipo de lo
que sucederá en Alcalá con el nuevo régimen antiprotestante
que implantará Felipe II.

4.2. Rafaél Roca[37]

Proceso realizado entre 1571-1572, coincidiendo con las
huidas de los oficiales de imprenta, las visitaciones a las librerías, bibliotecas e imprentas. Es un proceso realmente interesante, primero porque es inédito, con lo cual, le dedicaremos
algo más de extensión, y segundo porque es un ejemplo más de
población evangelista existente en la villa de Alcalá de Hena-

---

[35] FERNÁNDEZ MAJOLERO,J. *Op. Cit.* p. 67
[36] FERNÁNDEZ MAJOLERO,J. *Op. Cit.* p.63 y 74
[37] AHN. Inquisición,112, exp.10

res. Ademá, creemos que es el proceso de todos los acaecidos en Alcalá de Henares en los que se dan más detalles sobre la ideología protestante, pues se describen muchas proposiciones luteranas.

Rafaél Roca es un pintor natural de Turín en el Piamonte, en estos momentos vecino estante en Alcalá de Henares. Se considera *hereje luterano excomulgado de perjuro con sentencia de excomunión mayor, porque ha hecho, dicho, tenido y creído lo siguiente*[38]:

«*Primeramente que el susodicho como hereje a ido a oir los sermones de los luteranos para saber, tener y creer su mala fe[…]herrores y hergias*»

«*[…] tratando el susodicho del mismo sacramento de la eucaristía[…] dixo el dicho rafael […] que como era posible que allí pudiese estar el cuerpo de sin sangre y pregunto el dicho rreo a cierta persona que si le pareçia a el estar allí cuerpo sin sangre o si avía visto alguna vez cuerpo sin sangre, dando a entender que pues allí no avia sangre, no estaba Dios. Teniendo y creyendo como herexe lutherano que es que en la hostia consagrada no esta el verdadero cuerpo del señor Jesucristo. I heso dixjo.*»

«*[…] tratando de lo susodicho prefiriendo la cierta persona las palabras de la consagración y diçiendo le no ceer en el evangelio, el dicho reo respondia que ellos se llamaban evangelistas y respondiendole que decía el evangelio Tomad que este es mi cuerpo y cuando da el cáliz Tomad esta es mi sangre, el dixo Rafaél replicó. Mucho ay que entender en eso.*»

«*[…] tratando de zierto martirio*[39] *que aviandado[…] el susodicho dixo que no sabbia quien queria ser santo pues los santos eran abatidos y entonces al dicho martir que nombro le tenia por [gentil] y*

---

[38] *Ibid.* f.27-28
[39] Se refiere al martirio de San Sebastian. Lo nombran más a delante, refiriéndose a una pintura que se está realizando sobre el santo. Véase *Ibid.* f. 32v y f.34v

que yva esforzando a los que morian en la ley de dios[…] le parecia a la persona con quien lo estaba dando a entender que los lutheranos son los fieles catholicos cristianos y que los inquisidores los martirizan»

«[…] tratando de la creaçión y culpa del genero humano el dicho dixo que pues dios sabia que Adan y Eva abian de pecar, que para que los criaba y que porque no les abia quitado la ocasión»

«[…]abiendo entredicho en cierto lugar diçiendole si tenia bula para poder oir misa respondio que no abia menester bula para entrar en la dicha Iglesia y que en su tierra no se trataba de eso que mayor pecado sería dexar de oirla teniendo y creido como hereje que[si] que el papa no puede dar bulas y que los zensuras de la iglesia no sean de temer y obligar de su guarda»

« […] oyendo publicar ciertas indulgencias y millares de perdones el dicho reo. Con[…]menosprecio dixo que indulgencias pues no ha tanto que el mundo es mundo como dispensa tanto el papa. Teniendo y creyendo que el papa no puede ni tiene poder para dispensar ni conçeder indulgencias»

«[…] tratando que un hijo avia sentençiado a quemar a su padre el dicho Rafael respondio que no era buen hijo aquel y que si viera que llevan a quemar a su padre por lutherano que el lo defendiera»

« […] como tal herexe no se sabe santiguar ni las oraciones de la plegaria ni oye misa y con desaire hace burla de los que predican diçiendo que haçe aquel otro quebrandose la cabeça[…]»

« […] A tenido trato y amistad y conversaçion con herejes luteranosy lehan comunicado sus herrores y el a ellos […]y a visto hasta dezir y cometer a otras personasl lo cual calla y encubre sabia y maliciosamente […]»

Evidentemente Rafaél se defendió negando su luteranismo, diciendo que fue forzado a ir a los sermones luteranos cuando estaba en Francia y también cuando estaba en Zaragoza de boca de un francés[40]. Que si se le tiene por luterano

---

[40] *Ibid.* f. 36.

es porque fue engañado por el predicador luterano que conoció en Francia[41]. Estas relaciones con Francia llevó a dudar a los inquisidores de su identidad italiana[42], hasta que un chivato de entre los presos franceses en Toledo, Pierre Reigner, de los que habían sido impresores en Alcalá de Henares (que ya nombraba el investigador Griffin) fue quien había oído hablar de un reo francés que al huir de la cárcel de Barcelona decide cambiar su nombre. Aunque, esto es fruto del misterio de este personaje. A nosotros nos interesa las ideas asentadas en la villa de Alcalá de Henares y quienes se encargan de difundirlas. En cualquier caso, no nos debe de extrañar la existencia de evangelistas italianos si tenemos en cuenta la corriente de los valdesianos en Italia, no sabemos si Rafaél viene de esa corriente o era otra persona bajo una nueva identidad, pero es curioso que decidiese acercarse a Alcalá de Henares.

Se le acusa «*criminalmente al dicho Rafael Roca por herege Apostata de nuestra Santa fe Católica luterano excomulgado de per juro[…] Por lo cual, el dicho Rafael Roca avía caydo e incurrido en sentencia de excomunion mayor y en grandes penas*»[43] Además, le encarceló como galeote en las cárceles del Santo Oficio y se le requisaron todos sus bienes sin derecho de herencia de dichos bienes en el futuro. Ante toda esta presión y sin ninguna esperanza Rafaél «*acabase de dezir la verdad y descargar su consciencia dixo y confeso que era verdad que el avia herrado en todo lo tocante al Santísimo Sacramento ansi en cuerpo como en sangre porque aquel predicador luterano le avia engañado […] y que el habia tenido un hermano bastardo luterano y que era verdad que se avia ausentado de una Inquisición mas que*

---

[41] *Ibid.* f.37
[42] *Ibid.* f.53 y 72
[43] *Ibid.* f.41

no había sido por heregia sino por [averle] imputado que dibujaban el Reino de Navarra para dar[lo] a franceses [...]» [44] En todo caso, sea quien fuere, es realmente triste y doloroso leer el sufrimiento de esta persona, de saber que es condenado a galeras, y que prefiere ser quemado para no vivir una muerte lenta y llena de tormentos como la de su condena, pues al final del proceso se recoge el siguiente testimonio: *«dixo el dicho Rafael galeras no me echen que por el San Benito no me doy nada aunque fueran [quinientos] que en pasandome a francia le quemaran luego»* [45]

4.3. Juan de Vergara[46]

En realidad este es un proceso que nos remite a otro, posiblemente perdido o destruido, pues no se encuentra, de otro detenido por luteranismo, Gaspar de la Vega primo de Juan de Vergara, pues se habla más de Gaspar en el proceso de Juan que del mismo Juan. La situación que se cuenta del tal Gaspar, es un ejemplo claro de Nicodemismo.

No hay que confundir éste Juan de Vergara, hijo de Pedro de Vergara[47], con aquel que trabajo en la Biblia Políglota, que murió en 1555. Vergara era un apellido frecuente en Alcalá.

[44] *Ibid.* f. 43v.

[45] *Ibid.* f. 72

[46] AHN. Inquisición, 81, exp. 11

[47] El nombre del padre no es Cristobal. Considero que ha habido un error de transcripción en la información del AHN, debido a que el nombre del padre venia abreviado con un símbolo que se puede confundir con Cristo o Cristobal, pero se conoce que también valdría para abreviar el nombre de Pedro. Si leemos todo el proceso, en algunas hojas se especifica el nombre completo. Por ejemplo en el auto final, cuando se sentencia el desterramiento de Juan de la villa de Alcalá se da el nombre completo, sin

Incluso, también se produce confusión con otro Juan de Vergara, alcalaíno y médico de Felipe II, del que hace poco se escribió un libro en el cual se muestra su relación entre la medicina y la poesía, e incluso se apunta una relación con su coetáneo Miguel de Cervantes[48].

Volviendo al proceso, se cuenta como en 1564 son llamados a declarar varios testigos a cerca de Gaspar de la Vega. Los testigos son todos familiares comunes, y se describe un entramado familiar un poco complejo, dentro del cual se produce una venganza entre primos, en la cual salieron mal parados Juan de Vergara y su primo Gaspar de la Vega. Todo sucede cuando Gaspar de la Vega confiesa su pensamiento luterano ante su primastro Cebrián de Vergara:

> «[…]el *Gaspar de la Vega le dixo* [a Cebrian] *que se fuesen a francia que staria mejor allá porque las cosas del papa no eran nada[…]»*[49]
>
> «[…]*que avia dicho el dicho Gaspar de la Vega no se que del Papa y de los luteranos y que se quería ir con ellos[…]»*[50]
>
> «[…] *el Gaspar de la Vega un dia en un huerto le avia dicho que se fuesen a francia que el papa era un hombre como nosotros»*[51]

Otra situación que se describe es la negativa conocida de Gaspar para ir a misa: «[…] *un estudiante dixo quien quiere yr a missa que no he oydo missa y dixo el dicho Gaspar de la Vega nun-*

---

abreviaturas, del padre; *«…Juan de Vergara hijo de Pedro de Vergara[…]ha sido desterrado desta villa y su jurisdicción»* Ibid. f.22

[48] MAGANTO PAVÓN, E. *Cirugía y poesía o la vida del licenciado Juan de Vergara (1545-1620)* Universidad de Alcalá Servicio de publicaciones. 2012

[49] *Ibid.f.4*

[50] *Ibid. f.9*

[51] *Ibid. f.11*

ca yo querria los hombres tan misseros [...] y se quedo el dicho Gaspar de la Vega sin yr alla» [52]

Puesto que no tenemos los procesos de Gaspar ni de Cebrián, no sabemos que ocurrió con ellos, pero ¿por qué fue Juan sentenciado si no había cometido ninguna falta y si todo estaba entre Gaspar y Cebrián?. Cebrián le contó a Juan, también primo de ambos, las confesiones de Gaspar, complicándole en la trama indirectamente. El problema surge cuando Cebrián testifica ante el Inquisidor General contra Gaspar (posiblemente por celos, ya que amaban a la misma mujer, Catalina de Castro[53], romance que conocía Juan) Automáticamente, Gaspar fue detenido y evidentemente el resto de familiares, especialmente los padres de Juan, Pedro de Vergara y Juana Hurtado, como se muestra en las testificaciones, fueron a preguntar a Cebrián por qué lo había hecho, además tendrían miedo de que la detención de Gaspar afectase a su hijo Juan. El mismo Juan de Vergara le recriminó: *«como aveis hecho tan gran maldad como se dize por el pueblo siendo vuestro primo hermano Gaspar de la Vega».* Efectivamente, Juan fue detenido y obligado a testificar, y en su sentencia dice; *«Primeramente me aquerdo que lo que me dijo mi primo Cebrian de Vergara lo dije a mi madre[...] y me dixo ho le qreas que es un mentiroso y es pues quando mi primo me sacó al campo como me avia dicho, se lo torne a dezir como no dijese nada pues que yo no lo savia sino de oydas que no lo podía dezir lo que no savia de zierto[...]»* Es decir, que nunca creyó a su primo Cebrián, y que si algo había pasado entre Gaspar y Ce-

<hr>

[52] *Ibid.* f. 16v.

[53] *«[...] Juan de Vergara hijo desta [Juana Hurtado] le dixo un dia que un Gaspar de la Vega primo suyo andaba perdido en unas mugeres y esta le mado a su hijo que se apartase del»* Ibid. f. 6 *«el dicho Gaspar de la Vega le avia llevado a casa de unas mugeres una de las cuales que se llamaba la hija de la çapatera o Catalina de Castro [...]sabia el dicho Vergara que tenia amistad carnal con ella»* Ibid. f. 9

brián el nunca estuvo presente, y solo lo llegó a conocer porque Cebrián se lo comentó, pero no podía testificar en contra de alguien o algo que no le incumbía ni había tenido relación con ello. Pero, los inquisidores tomaron esta declaración como una forma de encubrimiento de la herejía. Además, el haber contado que pasó una estancia fuera de España y en países nada menos que protestantes[54], empeoró la sentencia de Juan.

La sentencia determinó ser considerado *«fautor y encubridor de hereges y sus heregias, impedidor e perturbador del Santo Oficio*[55]*[…] por tal sea declarado y Incurrido en las mayores y mas grandes penas en derecho establecidas contra los que cometen semejantes delitos y en ellas pido sea condenado»* Solo la participación del letrado Doctor Hurtado, avisando de la minoría de edad de Juan (en aquel entonces 20 años) pudo permitir una reducción de la pena[56], aunque la sentencia final final también es terriblemente dura, cruel y dolorosa. Juan de Vergara quedó *«desterrado desta villa de Alcalá»*[57] pero antes de ser puesto en la Puerta del Vado, se le obligó *«oyga la misa mayor que se dixere en la Yglesia de Santa Maria desta villa en forma de Penitente en cuerpo y con una vela de cera encendida en las manos y no se humille sino desde que la preste con sangre hasta que aya consumido y acabada la misa le ofrsca la vela y mas le condenamos en doze ducados para gastos extraordinarios deste Santo Oficio»*[58]

---

[54] *«Dijo oque en una compañía de Don Francisco Çapata Alaredo en Inglaterra estuvieron como quinze dias por mal tiempo y de alli fueron a Flandes[…]como tres años […]por Francia estava alli con el en Paris[…]se vino a esta villa donde sea estado con su padre»* Ibid. 17v.

[55] *Ibid. f.18*

[56] *Ibid.f.21*

[57] *Ibid. f.22-23*

[58] *Ibid. f.25*

4.4. Pedro, Juan y Hernando, sacristanes de la Iglesia de Santa María

Condenados por «*despedazar un mandamiento de la Inquisición*» [59]. El suceso se produce en 1566 en la sacristía de la Iglesia de Santa María, cuando reciben una carta con una orden de la Inquisición que dice «*[...] a este distrito es venido el libro de Marcelo poeta latino el qual contiene muchas cosas heréticas [...]y cosas perniciossisimas y porque a nos conviene proveer y Remediar como el dicho libro no ande ni se tenga por persona alguna mandamos así todas y qualesquier personas religiosas e seglares de qualquier condición que sean que tuvieren el dicho libro le den y entregen al comissario de este Santo Oficio dentro de tercero dia so pena de excomunion mayor en la cual incurran, pues dado lo contrario haziendo sola qual pena mandamos a quarquier persona que supiere quien tiene o haya tenido el dicho libro lo demande al dicho comisario[...] que no lo haziendo procederemos contra los unos y los otros per juro.[...]*» [60]

La carta fue rota por uno de los sacristanes, y en tal estado se conserva cosida en el proceso. Uno de ellos no estaba de acuerdo con cumplir dicho mandato, el caso es que se creó una discusión entre Pedro, Juan y Hernando,los jóvenes sacristanes, que terminó siendo resuelta en juicio. En el proceso, los inquisidores se interesan por conocer como sucedió todo y quién rompió la carta.

Como historiadores, nos habría gustado leer algo más referente a las ideas de esos sacristanes y el interés especial de uno de ellos por conservar el libro, pero no se hicieron preguntas al respecto. Según el testigo Hernando, fue Juan quien rompió la carta, y puede que así fuese, a juzgar la opinión de Juan: «*dixo*

---

[59] AHN. Inquisición 234, exp. 27
[60] *Ibid.* f.2

que nunca creyo que sera mandato de cosa que tocase a la Inquisi-cion»[61] De todos modos, el inculparse unos a otros, creó la desconfianza de los inquisidores, dando una rápida sentencia por la cual acabaron *«encarcelados y presos en la cárcel de Alcalá muchos dias»*[62] y que también servia para apercibir al resto de población de que tuviera más cuidado con lo que hacen,y dicen más adelante; *«[…]que de aquí en adelante tengan cuidado con las cosas de la inquisición»*[63] Infundir el terror como forma de control social, se convertirá algo habitual en el período valdesiano, y es realmente notable el coraje de la población con más o menos nivel cultural, a los que tachaban de herejes, por enfrentarse a la sin razón.

[61] *Ibid.* f. 12

[62] *Ibid.* f. 16

[63] *Ibid.* f. 16v

Capítulo V:
ALCALÁ DE HENARES, EL TERCER FOCO PROTESTANTE.

«Alcalá de Henares sigue siendo el núcleo principal del humanismo empeñado en la renovación de la fe. El papel que hicieron en Valladolid los Complutenses es un aspecto significativo, pero un aspecto tan solo de lo que se puede llamar movimiento de Alcalá» [1]

El movimiento de Alcalá de Henares, al que se refiere Bataillón, se comprende mejor en cuanto a grupo cerrado, más o menos configurado (como los 12 apóstoles que quería reunir Juan López Celaín) en la primera mitad de siglo XVI, en la formación del preluteranismo, cuando las relaciones entre erasmistas y alumbrados son comunes y ambiguas por su afinidad. En cambio, en la segunda mitad de siglo XVI, ese movimiento de Alcalá no es tan evidente, pues aunque sigue viviendo en la clandestinidad, hay variedad de individuos, como el gremio de impresores, y en la mayoría, personas aparentemente independientes, pero sobre todo desconocidos, por ello no lo podríamos calificar de grupo o movimiento como en el primer período. Sin embargo, en ambos momentos hemos demostrado que existían en Alcalá esos grupos de protestantes, pues tenemos sus procesos archivados, el de Rafael Roca, el de Petronila Lucena, el de Juan de Vergara o el de algunos de los impresores que recopila Griffin. En los procesos, como por

---

[1] BATAILLÓN,M. *Op.Cit* p. 340

ejemplo en el de Bivar, se describen esas relaciones entre estos personajes. Por ejemplo, el notario de este proceso escribe las palabras de Bivar: *«Dixo que en Alcalá ha sydo en su casa, adonde venian Agudo y Christoval Velez y otro criado deste declarante y que se untaban quatro o çinco personas y leyan una lection de Job o del Evangelio, y sobre aquella vyan la traslaçion de Sant Geronimo, e a Juan Fabro, y a Herasmo que era como contrapunto sobre todos, y que en Guadalajara se yva este que declara a casa de Espinosa e su hermano, e leyan ally les pareçia, [...]».* [2] A esos datos hay que sumar las peticiones de la Inquisición a la Universidad de control de sus bibliotecas e imprentas. Por lo tanto, en cualquier caso, el protestantismo era patente y latente en Alcalá de Henares, se aprecia en todos los testimonios y dejará una huella en la literatura de estudiantes complutenses del Siglo de Oro.

Decía Langlois, que sin documentación no hay historia. Pues bien, ahora quedaría despejada esa incógnita con respecto al protestantismo en Alcalá de Henares, pues hay documentos, procesos de fe perfectamente conservados, demostrando con ellos que sí hubo Historia y sí se produjeron unos hechos. Así mismo, y con todos los datos anteriores en la mano, pasaríamos a defender por qué Alcalá de Henares podría ser foco del protestantismo español, visto como núcleo de irradiación del protestantismo.

Efectivamente mucho se ha hablado de los focos protestantes de Valladolid y Sevilla, los cuales fueron muy relevantes, pero ¿por qué se ha omitido Alcalá de Henares en la historia del protestantismo?. Sin el movimiento de Alcalá, como decía Bataillón, posiblemente la expansión del protestantismo a lo largo y ancho de la Península Ibérica no habría sido lo mismo, no se habría difundido ni asentado con la misma fuerza. El

---

[2] HAMILTON, A. *Op. Cit.* p. 56

impulso del alumbradismo y del erasmismo está muy asentado en Alcalá de Henares, algunos de los primeros pastores protestantes salen de Alcalá, y encontramos pequeñas comunidades evangélicas, al igual que en Sevilla o Valladolid.

Tal vez, por el hecho de que ha sido más cuantiosa la documentación referente a protestantismo en Valladolid y Sevilla, y los autos de fe en ambos lugares han marcado tanto la historia del protestantismo español, que tienen más presencia en la historiografía Valladolid y Sevilla. Cabria hacerse la siguiente pregunta: ¿Habrían sido iguales los focos protestantes de Valladolid y Sevilla sin la influencia de los complutenses?. Hay que tener en cuenta que fue Alcalá de Henares y su Universidad un útero materno de desarrollo y diseminación del protestantismo. No tendría ningún sentido, por ejemplo, hablar del foco Sevillano sin hablar también de Alcalá de Henares, pues entre sus fundadores hubo estudiantes de la Universidad de Alcalá, donde fueron imbuidos por los aires alumbrado-erasmistas. En Sevilla tienen notables funciones pastorales Constantino Ponce de la Fuente o el Doctor Egido, ambos con una vinculación y una formación en Alcalá de Henares. También, Juan López Celaín, como habíamos visto, se había ido a predicar a Granada la nueva doctrina (de donde luego tiene que huir para esconderse en Alcalá de Henares). Juan de Ávila, franciscano, fue procesado por la Inquisición en Sevilla, donde igualmente se encontraba de predicador, y Juan de Ávila no daría ningún sentido al foco protestante sevillano sin su formación en Alcalá de Henares entre 1520-1526 donde trabó amistad con Domingo Soto, Francisco Osuna o Pedro Guerrero. En cuanto a Valladolid, podríamos decir lo mismo, Agustín Cazalla, se formó en teología en la Universidad de Alcalá, pero sufrió su proceso en Valladolid. Uno de los autos de fe más famosos junto con el de Carranza. Valladolid tenía muchas relaciones ideológicas con Alcalá de Henares, además de económicas, especialmente con el comercio de libros. Su hermana María de

Cazalla, tiene su origen en el grupo alumbrado alcarreño, y a su vez, estos dos hermanos Cazalla tenían íntimos contactos con los complutenses.

Por eso, intentamos defender la importancia de este tercer foco del protestantismo español en la Edad Moderna, desde el que se irradian las ideas, a modo de honda expansiva, y a través de las conexiones entre poblaciones. Alcalá de Henares era camino de Aragón y de ahí a Francia. Era cruce de caminos con otros puntos de la Península, las conexiones de Valladolid, Sevilla, Zaragoza, Barcelona. Dentro del término del Arzobispado de Toledo, hay una serie de conexiones o «puntos calientes» de luteranismo importantes e íntimamente ligados a Alcalá de Henares. Aquí, no hay que olvidar, que las conexiones o relaciones en la primera mitad del siglo XVI nada tiene que ver con la segunda mitad del XVI, como hemos dejado entrever en capítulos anteriores. Las primeras áreas de contacto con el protestantismo de entrada y salida de Alcalá de Henares, especialmente en el primer período anterior a 1555, durante el reinado de Carlos V y los comienzos del cisnerianismo complutense, son toda la zona castellano manchega de Guadalajara y Toledo, y poco después Valladolid y Sevilla. Los primeros contactos en esta área y en éste momento, estaban representados por alumbradistas, mientras que el erasmismo se focalizaba más en el ámbito intelectual de la Universidad. En cualquier caso, las relaciones entre ambos grupos, sus puntos en común y sus diferencias compartidas, hará que con el tiempo, en unos se mantengan las mismas características y en otros se produzca una simbiosis, dando lugar a ese preluteranismo (fruto también del conocimiento de los primeros sucesos en Alemania) Por tanto, encontramos erasmistas que se desplazan a áreas alumbradas e viceversa, siendo en algunos casos, unas relaciones muy intensas entre ellos. No hay que olvidar, como decíamos, una de las líneas de conexión más importantes, que son, las vías de comunicación con las áreas europeas de protestantismo más importante; Ginebra, Lovaina, Amberes, Wittemberg, Estrasburgo, a través de la línea de comunicación Alcalá de Henares, Zaragoza, Barcelona. En principio son los estudiantes españoles, y concretamente destacamos estudiantes y profesores complutenses, como Pedro de Lerma y los hermanos Enzinas, los que se dirigen a estudiar a esos lugares, siempre personas con mayores miras a las ofrecidas en la Península, siendo los primeros en establecer esas relaciones con el protestantismo europeo. Alcalá de Henares también juega aquí un papel muy importante, recordemos que Alcalá se funda tomando como modelo París, luego se intenta convencer a Erasmo venir a la Universidad complutense de Alcalá de Henares, más tarde, Erasmo tendrá que reconocer el aprecio de los complutenses y el buen trabajo de éstos en su Biblia Políglota, y a pesar de que de Alcalá de Henares también le salieron detractores, la arteria Alcalá us Erasmo estaba muy latente. Ese latido continuará existiendo, de ahí las ansias de Felipe II por cortar ese flujo, prohibiendo los movimientos migratorios de estudiantes.

Pero además de ser un centro de emanación del protestantismo, desde el cual se difundió la doctrina evangélica, Alcalá de Henares era también, un lugar de encuentro entre personas de la misma condición religiosa y espiritual. La imprenta y el movimiento de libros que hay en Alcalá de Henares, participa en la difusión de las ideas, pasando por distintas manos de estudiantes, religiosos, vecinos de Alcalá y personas de otros lugares. Y las personas y grupos de personas que mantienen vivo un movimiento reformista, no solo a través de los libros, sino también con funciones de difusión de la doctrina, de boca en boca, peregrinando de unos lugares a otros a imitación de cualquier pastor evangélico. Recordemos los ejemplos anteriores de Egido y Celaín.

Luego, especialmente en la segunda mitad del XVI, y parte del siglo XVII, es donde vemos una reducción del ámbito de influencia, tenemos los procesos más localizados dentro del término del arzobispado de Toledo. Aunque aún es relevante el protestantismo en Alcalá de Henares, los protestantes irán huyendo de Alcalá, prefiriendo lugares más tranquilos, de ahí que encontremos un protestantismo disperso en pueblos cercanos a Alcalá de Henares, como Ciudad Real, Talavera, Ocaña, Fuensalida, Tembleque, San Martín de Valdeiglesias, Colmenar Viejo, e incluso en Madrid. Pasa a ser la población civil la que también tiene interés en exiliarse a lugares como Francia en vistas a vivir una vida más tranquila sin la angustia y el miedo que producía la Inquisición. Europa era además el lugar donde poder leer libros que estaban siendo prohibidos en la Península por la Inquisición, y lo que es más, donde poder escribir y desarrollar una actividad intelectual. Sin embargo, por el hecho de vivir fuera de las fronteras españolas no se perdía el miedo, la mano de la Inquisición era muy larga y las teocracias calvinistas también se volvieron muy duras y retrógradas, muchos protestantes, empezaron a ser mas suspicaces con respecto al calvinismo tras el suceso de Servet.

Capítulo VI:
SITUACIÓN DEL PROTESTANTISMO EN ALCALÁ DE HENARES HACIA EL SIGLO XVII

Los preceptos de la Contrarreforma se habían impuesto, el Santo Oficio había hecho una exitosa persecución, de tal modo que entrado el siglo XVII ya no había rastro de protestantismo en ningún lugar de España, en cualquier caso, podemos encontrar alguna detención aislada, pero los últimos procesos de fe rondan el año 1620. Por tanto, vamos a tomar éste período como un paréntesis entre el siglo XVI y el siglo XVIII, pues ciertamente, va a ser un período de cambios y de bastante estancamiento en la vida política y económica principalmente. Sin embargo, vamos a asistir a dos hechos curiosos que atañen al protestantismo en España.

Por una parte, los últimos Austrias se ven obligados a postrarse ante los países protestantes. España, después del reinado de Felipe II está muy maltrecha, ya no puede continuar con las guerras de religión que habían dejado la Hacienda exhausta. Es en éste momento de debilidad cuando aprovechan los países protestantes para imponerse. El viejo Felipe II, consciente de la deplorable situación en España, acabó firmando con los anglicanos los acuerdos Alba-Cobham. *«Después del acuerdo Alba-Cobham, fue la segunda vez que España reconoció en un tratado internacional el derecho de los protestantes de vivir en su religión en territorios españoles a la vez que renunció al derecho e incluso obligación de la Inquisición de controlar y dirigir la vida religiosa y privada de este grupo de heterodoxos*[1]. Evidentemente, la coyuntura económica no dejó otra elección más que abrir un período de tregua y «tolerancia», para favorecer las relaciones comerciales a los ingleses, aunque eso no fuera del gusto de la Iglesia. En éstos acuerdos se estableció el respeto mutuo,pero sobre todo el embajador Cobham se aseguró la protección de los mercaderes británicos. Felipe III acabará reconociendo la independencia de las Provincias Unidas de los Países Bajos, y la Pax Hispanica también supuso un momento de tranquilidad en la política interior que favorecería el desarrollo cultural del famoso Siglo de Oro.

Por otra parte, quedan influencias pseudo-protestantes y erasmistas en la literatura del Siglo de Oro, o una forma encubierta de seguir escribiendo unas ideas, evitando la censura de la Inquisición. De hecho, la mayoría de los pensadores, literatos y científicos de éste momento son de Alcalá de Henares o se forman en su Universidad, o tienen un contacto importante con la ciudad, como por ejemplo podríamos nombrar a Mateo Alemán, Luis Vives, Cervantes, Juan de Vergara médico, Quevedo, Padre Juan de Mariana, Calderón de la Barca, Santa Teresa y San Juan de la Cruz, y muchos otros que podríamos nombrar; sin embargo, quisiéramos hacer un inciso en esa larga lista de personalidades para recordar la figura femenina dentro del ámbito intelectual. Al igual que en el siglo XVI María Cazalla, Petronila Lucena e Isabel de Vergara dieron su vida por defender unos ideales, que en mayor o menor medida podían favorecer a la mujer, ahora en el siglo XVII otras mujeres como,Santa Teresesa o Sor Juana Inés de la Cruz, desde una perspectiva místico-metafísica de libertad de la mujer,y Maria Zayas y Ana Caro con un feminismo de derechos y libertades pedagógicas y sexuales, lucharán en el mismo plano que sus

[1] THOMAS,W. *Op.Cit*, p. 306.

predecesoras, pues aquellas veían en las proposiciones protestantes de aquellos tiempos, la única vía para conseguir lo que realmente perseguían, una libertad personal para todas las mujeres.

En este contexto, Alcalá de Henares vive un momento muy particular entre época cumbre de su universidad a la vez que decadente, posterior a los procesos por luteranismo. Así, veremos también, la situación en la que queda la Universidad de Alcalá de Henares y sus perspectivas de futuro.

1. Omnipresencia de los milagros de la Virgen del Val y otros actos de misticismo.

La publicidad de la Contrarreforma se impulsó mucho más en el siglo XVII, durante los años del Barroco más místico-teatral y tenebrista. Ya habíamos dicho que con Felipe II se impulsó el culto a las reliquias y los santos, como el caso de los Santos Niños y San Diego, y esta publicidad antiprotestante y de desintoxicación de todo lo herético, continuó en un nuevo período donde tomarían mayor fuerza los cultos marianos exaltados en milagros paranormales. Es el caso de Nuestra Señora del Val de Alcalá de Henares, una leyenda medieval que cuenta como a un pastor se le apareció la virgen a la ribera del Henares. Curiosamente, en momentos de conflictividad religiosa, con cierto renacer de ideologías heterodoxas, da la casualidad de que hay apariciones de la virgen del Val. Estas apariciones se suceden después de los procesos por luteranismo, dentro de éste marco publicitario tridentino. Pero también se producirán en 1791, apareciendo en el Colegio Mayor de San Ildefonso y en 1808 apareciendo en la puerta de la Magistral. (Cuando veamos el capítulo dedicado al siglo XVIII, comprenderemos el interés de fomentar esos milagros, también en un momento en el que como veremos se producirá un renacimiento protestante en Alcalá de Henares). Empero, el misticismo del siglo XVII había entrado en decadencia con respecto a la etapa anterior. Aquellos que quisieron volver a la mística de Santa Teresa y San Juan de la Cruz, más humanista, fueron amonestados y controlados por la Inquisición, para que no se salieran del patrón marcado y no incurrir en posible actos heréticos. Felipe II, profundamente religioso, recogerá lo que le interesaba del misticismo para utilizarlo en su propaganda contrarreformista, especialmente con la difusión de la literatura mística, pero ahora la mística se utiliza, no en un equilibrio entre el espíritu y la razón, sino de un modo exaltado de las emociones al igual que ocurre en las representaciones pictóricas, o en la dramaturgia de de los actos religiosos en la calle, influencia del gusto Barroco del momento. Decíamos decadencia, pues por ejemplo en Alcalá de Henares, muchos de estos místicos, habiéndose confundido con herejes luteranos de raíz alumbrada, fueron controlados del mismo modo, incluidas sus órdenes, como la orden de Carmelitas fundada en Alcalá de Henares por Santa Teresa, conocidas en Alcalá por «Teresinas». También, se dio paso a nuevas fundaciones, en Alcalá de Henares, favorables al nuevo sistema religioso, como la fundación del convento de Jesuitas.

2. Situación de la Universidad en el siglo XVII

*«Para muchos historiadores la Universidad de Alcalá conoció hasta finales del siglo XVIII una época brillante siendo considerada entre las tres universidades peninsulares más importantes, junto con Valladolid y Salamanca[...] habría que matizar ese brillo o esplendor»*Gil García matiza ese matiz, valga la redundancia, considerando que *«los períodos «clásicos» de la historia complutense que distinguen entre la época de grandeza (1518-1543) el período de consolidación (1544-1620) y un período de estancamiento*

(1620-1700) que en realidad se caracterizan por un largo declinar»
Aunque el primer estancamiento ya se puede apreciar,al menos como causa remota, con la entrada y toma de control de la Universidad por parte de la Inquisición. La independencia universitaria quedó como un tópico, pues a la hora de la verdad, si había que limpiar bibliotecas y estudiantes tóxicos se hacía. Si tomamos las fechas que da este historiador, sería de 1544 en adelante cuando empiezan los problemas para Alcalá de Henares y su Universidad; se suceden los procesos inquisitoriales, se controlan las instituciones, los estudiantes y la ciudadanía en general. Suponía tanto peligro matricularse como estudiante de Alcalá, que el número de matriculados descendió enormemente, pues para llegar a ser estudiante de la Universidad, primero había que pasar por una estricta limpieza de sangre, como muestra la bula del Papa Clemente VIII con orden de hacer limpieza de sangre a los colegiales[2]. Con ello, Alcalá de Henares, como ciudad, también sufrió un varapalo económico. Cierto es que a lo largo del siglo XVII aún mantuvo algún esplendor, pues de aquí salieron escritores que formaron la literatura del Siglo de Oro español, pero desde la entrada de la Inquisición, la Universidad ya no era la misma, perdió todas las libertades, se eliminó la esencia con que Cisneros había fundado su amadísima Universidad.

Ahora bien, si anteriormente la Universidad fue vientre de nacimiento de una ideología, de donde salieron teólogos con una perspectiva sobre la religión y se defendieron los preceptos del protestantismo, ahora con la Inquisición controlando las instituciones, no sería fácil seguir defendiendo aquello, de hecho ya era prácticamente inexistente el protestantismo en Al-

---

[2] AHMAH. Universidad y Colegios Mayores y Menores. Leg.1481/14. *Confirmación por bula de Clemente VIII de la orden de hacer pruebas de limpieza de de sangre a los colegiales de San Ildefonso.1600*

calá de Henares. Sin embargo, queda en la Universidad un poso de pensamiento crítico e inconformista, que se refleja especialmente en la literatura y la filosofía política del momento. Por una parte, tenemos ese neoestoicismo quevediano que tiene un tono erasmista con su defensa del humanismo cristiano, y por otra parte, la neoescolástica del Padre Juan de Mariana, en cuyas obras, la sombra del Enchiridion, los valores cardinales,y la revolución contra el rey está justificada si el rey no mira por su pueblo. No es que se continuara la misma línea que en el siglo anterior, pero hay un nexo común, el deseo de cambio político y social, que en este momento se estaba agudizando y que explotaría en el siglo siguiente reinterpretado a la nueva época.

Ha sido éste un capítulo breve pero suficiente para dar a entender un momento de paréntesis entre el siglo XVI y XVII, que son los más destacables en cuanto a la presencia de protestantismo en Alcalá de Henares. Era también importante para comprender la situación en la que se ve sumida la sociedad y la religión evangélica en estos momentos. Pero lo que parece acabado, está en realidad en un estado latente, y la influencia de los países europeos, donde se desarrolla el calvinismo, el anglicanismo y el presbiterianismo, traerán de nuevo el protestantismo a España.

Capítulo VII:
EL RESURGIR DEL PROTESTANTISMO EN EL JACOBINISMO, EL JANSENISMO Y LA FRANCMASONERÍA EN EL SIGLO XVIII

1. Relación comparativa del protestantismo luterano del siglo XVI con los nuevos movimientos ideológicos del siglo XVIII: Jacobinismo, Francmasonería y Jansenismo

La época de la Ilustración, es un período que quiere retomar, como hizo el Renacimiento, la época Clásica, pero en realidad la cultura clásica nunca había desaparecido de nuestras vidas, el sentimiento humanista del siglo XVI, estuvo también presente en el siglo XVII, prueba de ello es su enriquecida literatura, solo que ahora se va hacer llamar movimiento Ilustrado. Este movimiento, en cuestiones político-religiosas, va a tener muchos aspectos en común con el siglo XVI, se van a retomar las mismas luchas, la misma crítica social y las mismas persecuciones ideológicas. Si recogemos los principales puntos que la Ilustración rechaza de la Iglesia católica, veremos, que nos recuerdan mucho a los dogmas que defendía el protestantismo; como por ejemplo, negación de los dogmas de la fe y de la revelación, negación del alma o ver a la Iglesia como una institución intolerante e intransigente.

Una de las críticas fundamentales que ya hacía el erasmismo era que la Iglesia debería retornar a sus funciones principales, como el rezo o la ayuda a los pobres, y dejarse de negocios políticos. Ahora, se vuelve a lo mismo, se exige la separación Iglesia de Estado. Asimismo, si en el siglo XVI fueron los protestantes los que llevaron a la práctica ese sistema, en el siglo XVIII vendrá de la mano de jacobinos, jansenistas, regalistas, masones y revolucionarios. Éstas son filosofías que nacen en Francia principalmente, aunque también en Inglaterra, con el liberalismo, todas con una raíz protestante. De esta filosofía francesa de la Ilustración, hay dos figuras que no podemos dejar pasar: Rouseau, y Montesquieu; y que nombramos porque van a estar entre los libros de cabecera de algunos de nuestros condenados complutenses del dieciocho y principios del diecinueve, son los hombres de referencia ejemplar para todo estudiante de derecho, liberal y transgresor. Sus obras van a incluirse en el Índice de libros prohibidos por el contenido ideológico de muchas de sus obras, especialmente aquellas que afectan en algún aspecto a la Iglesia. Rouseau, de religión familiar calvinista, nos interesa no solo por su defensa del Contrato Social y de su visión de la educación con su obra *Emilio*, donde plantea otra pedagogía alternativa a la educación religiosa. Entre sus polémicas tesis contra la Iglesia Católica niega el pecado original, una premisa que recuerda al anabaptismo. Por su parte Montesquieu, es un católico casado con una mujer protestante, Jean Lartigue, y percibe que lo más importante es la tolerancia religiosa, y para conseguir dicha libertad, las leyes y la política son las que tienen que poner orden para que la convivencia se haga en paz. En este sentido, se da un paso más allá de pedir sólo con palabras tolerancia religiosa. Este tipo de opiniones en sus obras le llevó a una enemistosa relación con los jansenistas franceses más ortodoxos y por supuesto, con la Iglesia católica, debido a las obras *Cartas persas* y *El espíritu de las leyes*. Además, parece ser que hay una estrecha relación entre estas corrientes que vienen de Francia con el protestantismo, pues en el siglo XVIII hay tal renacer del protestantismo, que nacen nuevas ramas en el árbol evangélico, que son los cuáqueros, fundado en EE.UU y el metodismo, una separación del anglicanismo. Incluso, muchos ilustrados en toda Europa, ya sea a través de la masonería o el jansenismo, deciden cambiar su estado religioso y pasar al protestantismo. Esta parte la veremos enfocada nosotros al caso de Alcalá de Henares en España.

La llegada a España de dichas ideologías, nos recuerda a la llegada del protestantismo luterano por primera vez en el siglo dieciséis, y es que nuevamente son corrientes europeas las que se instalan en la Península y que fraguan por el estado de alarma social en que vive el país, su mala situación, política y económica, hace que proliferen con facilidad esas filosofías. *«Católicos o presuntamente católicos hispanos que se habrían dejado arrastrar por las máximas peligrosas del filosofismo, especialmente francés»* [1]

Aunque también es cierto, como veremos, que aquí, algunas de éstas filosofías se desarrollarán de un modo diferente, y en algunos puntos concretos se diferenciarán de su origen europeo.

Ciertamente, como habíamos apuntado, no va a haber tanta diferencia con respecto al siglo XVI, pues estas filosofías francesas tienen una base de pensamiento protestante-calvinista, que de hecho, también traerá el renacer del protestantismo en España y nuevos procesos inquisitoriales, tanto contra protestantes como contra las nuevas heterodoxias. En nuestro trabajo, veremos algunos casos concretos que se suceden en Alcalá de Henares, como ejemplo local y complemento a otros casos de renombre nacional, como Blanco-White (protestante) o Felix Antonio de Alvarado (primer cuáquero español). Además, si en el siglo XVI en España, encontramos una amal-

---

[1] VIEJO YHARRASARRY,J y PORTILLO VALDÉS, J. «Un buen amor propio. Aceptación católica de una sociedad comercial en la monarquía hispánica del siglo XVIII». *Espacio, Tiempo y Forma . Revista de la Facultad de Geografía de la UNED*, IV (2013), pp. 1-15

gama de ideologías, erasmismo, quietismo, alumbradismo, protestantismo luterano, que al final venían a coincidir en muchos puntos; algo similar ocurrirá ahora con las filosofías del jacobinismo, el jansenismo y la francmasonería, pero al final, en todo ello hay un nexo común, el protestantismo. Estas filosofías francesas, serán consideradas herejías por la Inquisición, la Iglesia no las verá como filosofías de pensamiento político, sino como corrientes heterodoxas al igual que lo fue el protestantismo en su momento. El regalismo, el jansenismo, la masonería, el jacobinismo, y el despotismo ilustrado, son los principales enemigos de la Iglesia. Sin embargo, encontramos un doble juego en el despotismo ilustrado de la monarquía. La «falsa filosofía convierte la ciudad, por su corrupción *«en una Babilonia o ciudad del Diablo»*[2] Es la misma crítica que hicieron los protestantes en el siglo XVI, pero ahora enfocado a ese despotismo ilustrado, ni tan patriótico ni tan cristiano como aboga. Se acusa a la monarquía de ser falsos cristianos, de ser demasiado laicos, pero en realidad solo defienden sus intereses personales, y vuelve a ponerse del lado de la Iglesia cuando le interesaba políticamente, por ejemplo, aunque se expulse a los jesuitas no se eliminará la Inquisición. La gran lucha de los ilustrados será contra el monstruo de la Inquisición, no contra el catolicismo. Los ilustrados españoles, no quieren que desaparezca la Iglesia de un plumazo, sino regularizar su actividad, critican al despotismo monárquico de volver a esa situación de abuso de poder tanto por parte de la monarquía como por parte de la Iglesia, y que ya se criticaba en el siglo XVI. También los ilustrados, criticaban que tanto la Iglesia como la monarquía habían convertido a la sociedad en laica por haber fomentado una fe superficial, por lo que era el momento de retomar los valores religiosos de erasmistas, alumbrados y luteranos.

[2] VIEJO YHARRASARRY,J y PORTILLO VALDÉS, J. *Idem*, p.11

«*La actitud religiosa del pueblo español también estaba estancada. Las antiguas prácticas religiosas-misas,procesiones,etc.- habían evolucionado, desde el siglo anterior, hacia unas formas cada vez más barrocas y superficiales[…]Ante esta situación los ilustrados católicos españoles reaccionaron e iniciaron, apoyados en nuestros erasmistas del siglo XVI, una campaña en favor de una religiosidad más sincera e interior. Sólo en la segunda mitad del siglo XVIII comenzará a notarse un leve criticismo, debido, tal vez, a la razón mencionada, y a ese generalizado aire secularizador que trajo el Despotismo Ilustrado*»[3]

1.1. Principales corrientes ideológicas

1.1.1 *Jacobinismo* es la filosofía política más radical en los valores de la democracia y las libertades del individuo, más incluso que el jacobinismo español. Es una postura más cerca del regalismo, y fundamentalmente política. De las tres posturas que vamos a tratar, ésta fue la de carácter más exaltado, y anticlerical. Lo que más nos interesa de ésta postura, es un movimiento que se fusionó a él o viceversa, que es el *movimiento de iluminados o iluminados de Baviera,* aunque el termino ya nada tenía que ver con el iluminismo de antaño. Ahora ya no se refiere a la luz mística sino a otra luz, la que proporciona la razón y la ciencia; de ahí también que se denomine la época Siglo de las Luces. Sin embargo, es curioso ver cómo se retoma el mismo término, y en un funcionamiento muy similar a los iluminados españoles del dieciséis, clandestino, y cripto-secreto, para luego dar paso al movimiento de masas como ocurrió

[3] RUÍZ ALEMÁN,J. «Las relaciones Iglesia-Estado en los orígenes de la España Contemporánea». *Anales de Historia Contemporánea*, vol.2 (1983), p.14

con el luteranismo y el movimiento nacionalista alemán, y ahora con la Revolución Francesa.

1.1.2. *Francmasonería o masonería.* De carácter laico, en ella encontraremos muchos aspectos interesantes, que han quedado de su raíz protestante, y por tanto lo que aún le une a esa creencia, siendo principalmente su oposición a la Iglesia de Roma.

El análisis de esta filosofía de pensamiento, y de vida, también es compleja. No todo el protestantismo conformó la masonería. El sector del protestantismo fundamentalista siempre estuvo en contra de toda actividad sectaria; por el contrario es el sector del protestantismo liberal, el mas proclive a la crítica bíblica y el que más prolifera en España en el siglo XVI, el que dará lugar a la masonería[4]. Otra de las características que une a los masones liberales con el protestantismo del dieciséis son el carácter filantrópico del erasmismo, el desarrollo del individuo en todos sus aspectos y capacidades, el sentimiento de fraternidad o la búsqueda de la verdad mediante la actividad científica.

La represión de la masonería en el siglo XVIII, su persecución e incluso los autos de fe, nos va a aproximar mucho a lo sucedido en el siglo XVI con los primeros protestantes, volviendo de nuevo el nombre de hereje. Cuando la francmasonería fue introducida en España en 1726, fue rápidamente perseguida por la Inquisición. *«La bula de Clemente XII fue publicada en España en el reinando Felipe V, y en virtud de ella, fueron arrestados un gran número de masones aislados y todos los*

---

[4] Museo Virtual de la Masonería de la UNED. En: http://www.uned.es/dpto-hdi/museovirtualhistoriamasoneria/. Aquí en: http://www.uned.es/dpto-hdi/museovirtualhistoriamasoneria/9religion_y_masoneria/protestantismo%20y%20m.htm (Consultado el 3/9/2014)

miembros de una loggia que existía en Madrid. Ochos de esos fueron condenados a galeras,[…]En 1751, el anatema de Benedicto XIV renovó las persecuciones[…]Fernando VI, sucesor de Felipe V, expidió contra ellos un nuevo decreto, asimilándoles a los reos de Estado, e imponiendoles los más crueles castigos.» [5]. Algunos autores, como Nicolás Díaz y Pérez, ya sospechaba del origen protestante de la masonería y especialmente apunta a España. *«Otros hechos,[…]como testimonio de la obra de los francmasones en España, sin que garanticemos que lo fuesen en realidad. Nos referimos a los trabajos que el protestantismo inició en España desde la segunda mitad del siglo XVI»* [6]. Incluso este autor tiene dudas sobre si los condenados por luteranismo en Valladolid, como el Doctor Cazalla[7], habrían tenido actividades masonicas. Nosotros tampoco podemos afirmar tal cosa, pero sí hemos explicado que tenían actividades clandestinas, emulando al cripto-catolicismo, entre un grupo de personas muy hermético, tanto hombres como mujeres, con una misma ideología religiosa, y donde tambíén era abierta la crítica bíblica desde un carácter científico. Pero, aunque no tenemos datos suficientes para afirmar ese origen protestante en la masonería, debe de haber o debió de haber algo en la memoria colectiva, pues cuando el Conde de Aranda funda una masonería española, lo hace con la intención de separarla de la ideología religiosa del resto de logias europeas,es decir, separarla del protestantismo.[8]

[5] CLAVEL,F.T.B. *Historia de la Francmasonería.* Barcelona, Edicomunicación,1988,p.90

[6] DÍAZ Y PÉREZ, N. *La francmasonería española. Ensayo histórico-crítico de la orden de los francmasones en España desde su origen hasta nuestros días.* Madrid. Estab. Tipográfico de Ricardo Fé. 1894, p. 82

[7] DÍAZ Y PÉREZ,N. *Op.Cit,* pp. 84-86

[8] DÍAZ Y PÉREZ,N. *Op. Cit,* p,187

1.1.3. *Jansenismo*. Aquí hay mucha controversia y difícil de diferenciar. Nosotros nos centraremos en el jansenismo español, pues el verdadero jansenismo francés o agustino, caracterizado por un dogma profundamente basado en el agustinismo ortodoxo, nada tiene que ver con el de carácter español. El jansenismo español viene ha *«romper la historia del reformismo uniforme»* como muy bien dice Álvarez de Morales, al explicar como hay un jansenismo revolucionario y otro, más ortodoxo. Según este investigador, se produce una metamorfosis del francés al español, siendo el termino introducido por los jesuitas para nombrar a aquellos enemigos de los jesuitas. *«Frente a la moral laxa de los jesuitas estaría la ortodoxia y rigidez jansenista»* Es decir, que los jesuitas se vieron afectados por ambos bandos, los que les critican de no llevar la ortodoxia del agustinismo y los que les critican de vivir en una serie de privilegios injustos y perjudiciales para el bien del conjunto del Estado[9] que haría referencia a ese jansenismo español. Como bien decía Menéndez Pelayo; *«En España no hubo jansenistas dogmáticos. Los jansenistas españoles hay que buscarlos entre los canonistas y los regalistas, siempre preparados a disminuir los derechos de Roma»*[10] Aquí entramos en otros términos, por eso la complejidad de comprender el jansenismo español. El regalismo, es una filosofía que no acepta los derechos adquiridos abusivos de Roma,sino en favor de mantener los derechos del rey. Es una postura entre el jansenismo y el jacobinismo. La diferencia entre regalismo y jansenismo, es que el jansenismo es un motivo más religioso que político, pero apoyado por el rey.

[9] ÁLVAREZ DE MORALES, A. «El jansenismo en España y su carácter de ideología revolucionaria». *Revista de História das Ideias*, vol. 10(1998) pp. 347-348

[10] MENÉNDEZ PELAYO, M. *Historia de los heterodoxos españoles*. Madrid, 1880-1882[Edición facsímil, CSIC,1992] VI, p. 133-135

Ese regalismo borbónico o jansenismo español, más defensora del Estado de derecho y a favor de un mayor control al clero, es lo que impulsará la expulsión de la Compañía de Jesús. Por su parte, la Iglesia se reforzó con nuevas fundaciones, como, los Pasionistas, que promueven las misiones, los Redentoristas y las Congregaciones de Hermanos de Escuelas Cristianas. Los jesuitas fueron expulsados de Alcalá de Henares el 27 de Febrero de 1767, algo que no benefició a Alcalá de Henares, pues fueron los primeros pasos que conllevarían a la desamortización de Mendizábal en 1835. Si lo comparamos con el siglo XVI, es cierto que ya se hicieron intentos de reformas profundas dentro del clero, cabe recordar las reformas cisnerianas y posteriormente las de corte erasmista y finalmente las reformas de protestantes, en creación de una nueva doctrina que pretendían cambiar las funciones de la Iglesia para hacerla retornar a su camino eremita, dejarse de los controles políticos y económicos y centrarse en el cuidado de las almas. En este sentido, sería lo que uniría a las dos épocas, y que en el fondo viene a ser la misma crítica, la separación Iglesia de Estado.

Además, dentro del jansenismo, hay otra rama, no tan anticlerical pero que si representa a ese sector de la sociedad que vuelve a cuestionar la fe interior (sobre todo la de los monarcas y algunos clérigos) y por tanto abogan por una religión más natural, más cercana al primitivo cristiano, lo que recuerda mucho al tipo de fe que defendían Erasmo, Lutero y muchos alumbrados españoles. Este tipo de jansenismo se conoce como jansenismo conciliar o episcopalismo.

El jansenismo es tal vez la ideología más influyente entre mujeres y clase media con profesiones liberales y cierto nivel educativo. Lo mismo ocurría en el siglo XVI, el protestantismo estaba más abrazado por personas jóvenes y más transgresora o con ideas de cambio. Igual ocurre ahora, las mismas ideas a defender que antes, siendo en Francia y países con origen protestante, los que evolucionan y consiguen objetivos como con la Constitución Civil del clero o la reforma eclesiástica, pues dentro del mismo clero se critica la actividad pontificia corrupta.

Esta sutil línea entre unas ideologías y otras, pero todas caracterizadas por su carácter revolucionario, favoreció una *literatura complotista*, la cual fomentó la confusión de masones, ilustrados, jansenistas, iluminados y jacobinos, y pretendía transmitir un concepto de herejía política altamente negativo y conspiranoico[11]. Si recordamos, igual a esa misma publicidad maliciosa, que en su momento equiparó erasmismo con luteranismo, y que fue derivada de la rama ortodoxa defensora del catolicismo romano. En todos los casos, el objetivo era buscar esa modernidad laica que permitiese acceder a la Democracia, ya sea República o Estado Liberal, siendo la tolerancia religiosa una máxima que se venía defendiendo en el pensamiento de muchos acusados por la Inquisición ya desde el siglo XVI, pero es ahora, en el final de una larga evolución sobre el concepto de Estado y sus características políticas y religiosas, durante toda la Edad Moderna, cuando consiguen fraguar las ideas y se consigue avanzar en la implantación de algunas de ellas.

2. Nuevos controles y procesos de fe a estudiantes complutenses a partir de la segunda mitad del siglo XVIII

El falso despotismo ilustrado no hará ningún favor a la Universidad de Alcalá. Comenzó con Carlo III, que en 1725 ya dejaron de explicarse las asignaturas de medicina, pasando los estudios médicos al Real Colegio de San Carlos de Ma-

---

[11] FERRER BENIMELI, J.A. «El discurso masónico y la Inquisición en el paso del siglo XVIII al XIX. *Revista de la Inquisición*, 7, (1998) p. 271

drid[12]; y a 27 de Abril de 1770 dictará la Real Orden de suprimir los colegios menores de pobres. Al ser la Universidad, desde su fundación, centro de estudios controlado por la Iglesia, se quiso eliminar los derechos de la Iglesia desde el lugar equivocado o tal vez el más débil, pues no ocurrió con la misma virulencia en Salamanca, donde también la Iglesia tenía un plano de poder. A pesar de ello, tendremos ilustres estudiantes como la doctora de Alcalá, la primera mujer doctora de la Historia de España o Jovellanos, doctor en leyes y ministro. Aunque cuando más se aprecia la virulencia de la Inquisición, es con Carlos IV, quien da un consentimiento de endurecimiento de la política religiosa, más intransigente y retrograda, como ocurrió en el período de Valdés y Salas en el siglo XVI. Es en éste período de Carlos IV cuando se suceden las detenciones en Alcalá de Henares, las cuales se verán alimentadas por la persecución de todo lo afrancesado. Aquí se produce también una mezcla confusa pero intencionada entre lo laico, lo afrancesado y el protestantismo, que se deja apreciar, aunque no sea explícito, en los procesos de la Inquisición.

Alcalá de Henares, como sabemos, había sido un núcleo fundamental de difusión del protestantismo, algo que había quedado en la memoria colectiva de la ciudadanía complutense y de los intelectuales, por tanto no podía ser menos ahora, y más si aún se mantenía más o menos activa la Universidad. Tal vez ahora, no son tanto los estudios teológicos, y más los estudios jurídicos y en ese sentido, lo que encontramos ahora en el dieciocho no son críticos biblistas, sino juristas y políticos que recogen el nuevo pensamiento francés y europeo liberal e ilustrado en general, para criticar la situación política actual de España, a la corona española y a su Iglesia, por su falso despotismo ilustrado y su falsa fe. Sin embargo, también hay cam-

---

[12] ENRÍQUEZ DE SALAMANCA, C. *Op.Cit.* 1983, p. 249

bios en los estudios universitarios, marcados por las corrientes de la época, de hecho hay un creciente interés en los estudiantes por la filosofía de Scoto. Debido a que *son mas los estudiantes que siguen la scotista»* fue necesario establecer un Real Decreto en marzo de 1725[13], concedidos por Felipe V en 1718, pero aplicado durante el tiempo de Luis I "el liberal", por el cual se otorgase en la Universidad de Alcalá, la misma importancia a la escuela de filosofía, que a la escuela tomista y jesuíta. Y es que la escolástica scotista está en su pleno apogeo en las universidades de toda Europa, pues el concepto de independencia entre disciplinas, en este caso filosofía de teología, casaba muy bien con la idea de separación de poderes, y por tanto con la inclinación ideológica de muchos de nuestros estudiantes.

Asimismo, las detenciones que encontramos en Alcalá de Henares y que han llegado hasta nosotros, comienzan con la de Ventura Tajonera en 1796. A partir de él se suceden otras detenciones. No se aventura tanto en acusar a los detenidos de luteranismo,simplemente se les detiene por las lecturas prohibidas que poseían, evidentemente, sospechosas de protestantismo.

2.1. *Ventura Tajonera*[14]

Acusado de luteranismo por retener el libro *El Filósofo sueco y luterano desengañado*, un libro poco conocido, en el cuál nos hemos detenido en un análisis del contenido del mismo para comprender los motivos de la detención. Tajonera, era

---

[13] AHMAH. Universidades, colegios mayores y menores. Real Decreto 1725, *Cinco decretos de Felipe V sobre la Universidad de Alcalá.* leg.1481/17

[14] AHN. Inquisición 190,exp.35

natural del Ferrol y cursaba leyes en Alcalá de Henares. Fue denunciado por Mariano Martín Esperanza, un compañero se los estudios de leyes. En su declaración sobre el libro, decía Mariano: «[…]preguntandole al dicho Dn. Ventura, sobre si estaba, o no prohibido, me respondió que sí, pero que ¿quién hacia caso de eso?»[15]. También se le acusa de «que prestó el libro continuamente»[16]; algo que para la Inquisición incurriría en la difusión de la herejía.

Lo triste es que no se conserva en el expediente el testimonio de Ventura Tajonera, con lo que se pierde la parte más valiosa de lo sucedido, se pueden ver algunas hojas arrancadas en el expediente, pero no podemos asegurar que fue lo que se arrancó. Además, al final del legajo, se dice que el proceso queda visto para sentencia; por tanto, no sabemos si se condenó o no se condenó y qué tipo de sentencia se dictaminó, si es que se dijo algo pues no podemos saberlo. De este modo, lo único que nos queda para comprender un poco más a éste personaje de Alcalá, es adentrarnos en el libro que poseía.

El Filósofo sueco y luterano desengañado[17], es una obra filosófica, con pensamientos, reflexiones, opiniones críticas del conde sueco de Oxenstirn, Johan Thuresson Grefve Oxenstierra. La obra tuvo en un principio el permiso de la Inquisición, aparece en la edición la licencia fechada a 19 de Octubre de 1745, e igualmente para la segunda edición de la obra en 1776. Entonces, ¿por qué este cambio de postura, por qué pasa a ser un libro prohibido? Está claro que el reinado de Carlos IV se caracterizó por un mayor conservadurismo y más repre-

---

[15] *Ibid*, f.2

[16] *Ibid*,f.8

[17] OXENSTIERRA,J.T.G. *El filósofo sueco y luterano desengañado*. Traducción de Monsieur Boona. Librería de Mons Symond, Puerta del Sol. 1745. [BNE, sign. 3/12273]

sivo que el de su predecesor, pero además, la fecha del proceso de Ventura, 1796, viene a coincidir con el conflictivo gobierno de Godoy y el inicio de la Guerra de Independencia, de hecho esta fecha es cuando se firma el Tratado de San Ildefonso, por el cuál España es «amiga» de Napoleón, y los franceses tienen vía libre. Por tanto, en este contexto, comienza la repulsa a los *gabachos*, como les llamaba el pueblo, y la repulsa por parte de la Iglesia, a ese laicismo francés que corría como un virus entre los afrancesados jóvenes intelectuales, estudiantes o liberales de todo tipo, (aunque con el tiempo no todos aceptarán lo que conllevó esa usurpación).Asimismo, debemos ver a Ventura en ese contexto. Para la Inquisición, todo aquel que como Ventura abrazaba las ideas laicas francesas, o era un liberal anticlerical o era un luterano que abrazaba el protestantismo europeo, como es el caso. Por otra parte, ¿qué connotaciones tenía el libro para decidir su prohibición en un contexto tan delicado? Existen muy pocos datos sobre éste autor concreto, al igual que los demás miembros de la dinastía Oxenstierra, el autor sería de religión evangélica luterana, pues la casa Oxenstierra, parece ser que participó en la difusión de la religión evangélica, ya desde el siglo XVII, en Prusia y Hungria. Si leemos el libro, encontramos que cada capítulo está dedicado a un elemento individual, en cuya crítica, nos remite directamente a proposiciones evangélicas luteranas. No vamos a contar todo el libro, pues nos extenderíamos en algo que sería parte de un estudio exclusivamente sobre la obra, pero sí destacar aquellos elementos que nos parecieron reveladores al leerlos y por los cuales se pudo acusar a Ventura de luteranismo:

- *La Soledad*. Nos recuerda al alumbradismo español, y por supuesto al modo de rezo que decía Lutero. En la soledad, nos dice, es cuando el hombre tiene una conversación privada consigo mismo y con Dios, es ahí en ese momento platónico,cuando el hombre debe rechazar las cosas vanas para ir al cielo[18].

- *El Hombre*. Presenta a un hombre bastante miserable. Vuelve al concepto platónico que citábamos antes, y por tanto debe separar su alma de su cuerpo, y rezar en soledad. Además, el hombre como «ser económico» debe ser prudente si no quiere caer en la avaricia[19].
- *El político*. Sería un complemento al elemento anterior del hombre. Esta parte es también un reflejo crítico de la situación política del dieciocho. Habla de la hipocresía dentro de la vida en la corte[20] y aunque defiende la figura del ministro, rechaza al político corrupto[21]. Además, en otro de sus episodios, muestra una postura filantrópica, en contra de la guerra y la mentira.

2.2. Antonio Parra[22]

Residente en Alcalá de Henares, era catedrático de matemáticas en la Universidad de dicha villa. El proceso está fechado en 1801, muy próximo a la anterior detención. Su denuncia se debe a la posesión de los libros de *Heybel* [Eybel] y un *Índice Expurgatorio*, de los que luego hablaremos, y que provocaban sospechas sobre la fe de Antonio. El denunciante, Don Manuel Praguas, declara que Parra posee la obra de Eybel y un análisis de la religión cristiana, del cual apunta el denunciante *«que por sus falaces argumentos no esta muy arraygado en la Sta*

---

[18] OXENSTIERRA, J. T. G. *Op.Cit*, p.6

[19] OXENSTIERRA.J.T.G. *Op.Cit*, p.19.

[20] OXENSTIERRA.J.T.G. *Op.Cit*, pp.76-77

[21] OXENSTIERRA,J.T.G. *Op.Cit*, pp.82-83

[22] AHN. Inquisición,190,exp.27

creencia de nuestros Dogmas»[23]. Igualmente, otro testigo, Manuel Fraguar, cursante de Teología en Alcalá, dice que *«vio varios papeles incluidos en las reglas del Expurgatorio y en la casa de Juan Bautista Redomero, donde residía D.José Valiente*[24]*»*[25]. Además, en la declaración de los presbiteros de Alcalá, D.Juan García y D. Feliciano Clemente dicen que*«Se remitió una carta de delacion al Sto. Oficio en la que denunciaba al Dn. Antonio de la Parra, colegial en el Colegio del Rey de Alcalá de Henares por tener barios papeles en el expurgatorio y en la casa de Juan Bautista Redomero. vio igualmente en el compendio del Cabalario propio de D. José Valiente...»*[26]

Respecto a Don José Valiente, no hemos encontrado ningún proceso con su nombre en el cuál se le tratara de modo individual, y aprovechando la acusación de Antonio se juzga conjuntamente a José. Sobre ambos, dan la siguiente imagen, muy poco objetiva para juzgar. Parra es de *«buenas costumbres y arregladas conductas»* pero de Valiente, por el contrario, dicen que es *«aficionado a la diversión y al bayle»*[27] Aunque no se especifica, aparentemente da la sensación de ser un intento de acusar a Valiente de pervertir con su actitud a Antonio. En cualquier caso, la Inquisición decidió inspeccionar la habitación y la librería de Parra, pero fue un intento fallido pues no se encontró nada, ni el libro ni los manuscritos con *«proposiciones contra nuestra religión»* [28]

[23] *Ibid*,f.2

[24] No se da información de D.José Valiente, pero imaginamos que debió de ser alguien de confianza de Antonio Parra, por lo que se puede leer en el proceso.

[25] *Ibid*, f.6

[26] *Ibid*, f.6v

[27] *Ibid*, f. 10v.

[28] *Ibid*, f. 12-13

Una de las conclusiones que se sacan del proceso es, que aunque el libro estuvo en circulación, al conocer Antonio de su prohibición, se apresuró a retirarlo[29]. La causa fue suspensa.

¿Que obras son el Expurgatorio y la de Eybel? Pues bien, el *Índice del Expurgatorio* de la Inquisición, constituía un suplemento que se publicaba cada cierto tiempo informando de las nuevas obras prohibidas por su carácter herético. Este suplemento era publicado por la imprenta real, con el edicto del 13 de Diciembre de 1789[30]. Evidentemente, suponía una suculenta selección para aquellas personas de mente abierta e inquieta, como estudiantes, ilustrados o como los ejemplos de los detenidos complutenses que estamos tratando. De hecho, muchos de estos libros se pedían bajo cuerda a algún amigo que estuviera por Europa o a algún librero de confianza. No es de extrañar por tanto que Antonio Parra tuviera un *Índice Expurgatorio*, se podían obtener fácilmente esos suplementos en las Iglesias, con el fin de que la gente conociera los blasfemos libros y los denunciara al Santo Oficio; por tanto, son los apuntes o notas o pensamientos que escribe en unos papeles, y los incluye dentro del librito, lo que le pone en peligro.

En cuanto al libro de Eybel, se refieren a la obra *Introductio in jus ecclesiasticum catholicorum* (1777) del canonista alemán Josephi Valentin Eybel, escrita en latín y traducidas a varios idiomas por su éxito internacional. Sus demás escritos como

---

[29] *Ibid*, f.13-13v.

[30] *Índice ultimo de los libros prohibidos y mandados a expurgar. Para todos los reynos y señorios del católico rey de las Españas El señor don Carlos IV. En la Imprenta de Don Antonio de Sancha. Madrid . MDCCXC. p.290 En: http://books.google.es/books?id=Mvs__S-60cAC&pg=PA291&lpg= PA291&dq=edicto+13+diciembre+de+1789&source=bl&ots=rgNl00E- Qgj&sig=ZnY-yUZuefOhkslkehC2RckPuwM&hl=es&sa=X&ei=KqcAVO- GaL4iWaubsgcAN&ved=0CDAQ6AEwBQ#v=onepage&q=edicto%20 13%20diciembre%20de%201789&f=false* (Consultado el 29/8/2014)

«*ique cosa es el papa*», contra la superioridad de los obispos, y contra la confesión sacramental, le convirtió en un autor de los más prohibidos por Pio VI[31].

2.3. Ángel Celedorio Prieto y Cristobal Oliva[32]

Este es un proceso fechado entre 1798-1802 y en el que se hacen las detenciones conjuntas, de Ángel y Cristobal. Igualmente, se les detiene por la posesión de libros prohibidos. Las características del libro son «de sospechosa doctrina luterana»[33]. Fue Cristobal, doctor en teología y cursante de leyes en Alcalá, quien «*en descargo de su conciencia[…]dixo que tenía el Eusevio* [Eusebio]»[34]. El proceso es muy breve, la causa quedó suspensa, y el legajo a penas consta de unas cuantas hojas.

Asimismo, debemos entender cuál es el contenido del libro *Eusebio*. Ésta obra, fue escrita por Pedro de de Montengón, considerado el Rousseau español. Pedro fue perseguido por la Inquisición no solo por sus escritos polémicos sino por abandonar la Orden de los Jesuitas y acercarse al Iluminismo[35] Escrito entre 1786-88, emula la obra de Rouseau, *Emilio*. En el *Eusebio* se cuentan las aventuras norteamericanas de un personaje educado por cuáqueros. Se presenta como una obra de crítica al sistema pedagógico español, de hecho aparecen mal paradas en esta crítica las universidades de Alcalá y Sala-

---

[31] JIMÉNEZ, V. *Memorias para la Historia Eclesiástica del s. XVIII*, Vol.3. Imprenta de Don Miguel de Burgos, Madrid, 1834, pp. 251-253

[32] AHN. Inquisición,190,exp.39

[33] *Ibid*. f.8

[34] *Ibid*,f.18

[35] MONTENGÓN,P. *Eusebio*. Madrid,1786-1788 [Ed. preparada por Fernando García Lara. Editorial Nacional, Madrid, 1984] p.20

manca[36], pues tiene la nueva perspectiva de la educación ilustrada, el epicureísmo, el estoicismo y el racionalismo,y en su caso la doctrina evangélica. Critica además la intromisión de las instituciones eclesiásticas en la educación, además de su intolerancia, en contraposición a la tolerancia que muestran los pueblos protestantes, y pone el ejemplo del papel de la mujer en las instituciones religiosas; por ejemplo, refiriéndose a Susana, un personaje femenino de la novela, dice: *«Instruida en las letras sagradas y dotada de una dulce elocuencia, era tenida por la más cabal predicante de su secta»*[37]

La obra en su momento fue denunciada a la Inquisición y en 1799 se vio el autor obligado a publicar una edición enmendada, pero la obra original parece ser que gozó de mucho éxito y es un referente en la literatura pedagógica española.

2.4. *Manuel Pérez Dávila, Juan Peñuelas, Mariano Moreno, y Garcilaso Alonso*[38]

Todos ellos *cursantes* de estudios en leyes en la Universidad de Alcalá de Henares, fueron acusados entre 1800-1802 por la posesión de unos libros prohibidos. De los cuatro, únicamente Garcilaso Alonso está en paradero desconocido, se sospecha en el proceso que pudo huir a Canarias. Aquí también tenemos un proceso muy breve, que termina con la causa suspensa y donde tampoco aparecen los testimonios de los acusados.

Manuel poseía varios libros: *enivengieri* en castellano[39], *las instituciones eclesiásticas de Fleury*,y cuatro tomos de Montes-

[36] MONTENGÓN, P. *Op. Cit.* p. 162
[37] MONTENGÓN,P. *Op. Cit.* . p. 85
[38] AHN. Inquisición,190,exp.28.
[39] No tenemos constancia de ésta obra

quieu en francés. Juan y Mariano, también tenían la obra de Fleury y las obras de Montesquieu en francés, *Considerations sur les causes de la grandeux des Romanis y L'espirit des loix*.

Respecto a las obras incautadas, vamos a dar una visión general que se centre en el motivo religioso que da lugar a su prohibición. Claude Fleury fue considerado por Roma como un autor cargado de jansenismo conciliar y regalista, por lo que todas sus obras, fueron incluidas en el Índice de libros prohibidos. *Las instituciones eclesiásticas*, y todas sus obras, son muy polémicas, pues habla sobre cómo debe ser la jurisdicción eclesiástica y la decadencia de éstas instituciones si no se renuevan. En cuanto a las obras de Montesquieu, *Considerations sur les causes de la grandeux des Romanis*, y *L'espirit des loix*, (El espíritu de las Leyes)* son obras con la que Montesquieu analiza muchos aspectos de la política, pero fundamentalmente, interesa fijarnos en el tema sobre la religión que plantea en *El Espíritu de las Leyes*[40], donde dice que para la obtención de la libertad individual es fundamental la separación de poderes, de que la Iglesia debe ser tolerante con respecto a otras religiones, y aquí señala directamente a la Inquisición española. Donde más se aprecia su tendencia al protestantismo en esta obra, es en su rechazo a las imágenes, su rechazo al celibato y la negación de la inmortalidad del alma.

2.5. *Francisco Antonio Gonzalez*[41]

Cursante de teología en Alcalá de Henares, vecino del Casar, es acusados en 1804 de retener libros prohibidos. Del libro

---

[40] MONTESQUIEU.Charles-Louis de Secondat. *Del espíritu de las leyes*. Ginebra, 1748 [Introducción Enrrique Tierno Galván. Traducción de Mercedes Blázquez y Pedro de Vega. Tecnos. Madrid, 1987] pp. 301-320

[41] AHN. Inquisición,190,exp.10.

del cual se le acusa, *Ars Amandi*, evidentemente un libro de literatura erótica y amorosa no es del gusto de la Iglesia, pero lo importante es lo que se dice de su condición religiosa y de su actitud. Se dice que ocupado en la Biblioteca Real está traduciendo una obra *«contraria a nuestra sagrada religión*[42]*»* del francés al castellano; sin embargo no se da el nombre del libro que traduce. También, se dice de él que *« No cumplia con los preceptos anuales de confesión y comunión porque decía que no teniendo ánimo de enmendarse, solo le servía para aumentar pecados»*[43]

Por la brevedad del proceso y los pocos detalles, sobre todo la inexistencia de la declaración acusada, no podemos afirmar que fuera protestante, de hecho en el proceso no se aventuró a clasificarle como tal. La única prueba que tendríamos sería el rechazo al sacramento de la confesión, pero no es suficiente pues también podría ser propio de alguien con ideas ateas. Nosotros hemos decidido incluirlo como posibilidad y porque está dentro de un grupo de legajos sobre personas, todas detenidas en Alcalá y en unas mismas circunstancias. La causa fue suspensa.

2.6. *Graciliano Alfonso*[44]

Aunque el proceso es de 1815, lo hemos incluido como remate final a una serie de detenciones en Alcalá de Henares, final de una época y comienzo de una nueva. Graciliano, fue catedrático de la Universidad de Alcalá de Henares, como profesor de leyes y cánones. Se le acusó por una serie de propo-

---

[42] *Ibid*,f.1
[43] *Ibid*, f.2
[44] AHN. Inquisición,190, exp. 1

siciones y por leer y retener libros prohibidos. Este es un legajo
también muy pequeño, donde no aparecen las proposiciones
evangélicas, no sabemos si es que no se ponen por escrito o se
destruyen, y tampoco se dice nada de la obra, nada más que es
una obra de 4 tomos venida de Francia, y sobre él, que tenía disputas por sus ideas y que procuraba inspirar a los alumnos esas
ideas[45].

[45] *Ibid,* f.5

CONCLUSIONES

Las fuentes primarias inéditas presentadas en este libro, es lo que nos ha ayudado a demostrar la existencia de protestantismo en Alcalá de Henares y a comprenderlo, mediante una amplia información secundaria, tanto dentro de la historia local de Alcalá de Henares como en relación a la historia de Europa en la Edad Moderna.

Así, hemos visto, cómo el cisnerianismo apoyado en su idea de reforma conllevaría a enlazar con el camino del luteranismo, simplemente por su coincidencia ideológica, de transformación de las instituciones eclesiásticas y de nueva conciencia social respecto a la religión. Pero, la reforma en España no es posible, porque ya no se ve con el mismo planteamiento cisneriano, sino con un planteamiento luterano. Otra de las conclusiones importantes que sacamos de la investigación es la evolución temporal de las ideologías, cómo la confluencia de tres heterodoxias distintas pero con rasgos comunes, terminan convergiendo en una, el protestantismo luterano, que es la que perdurará. También, lo que vemos en los movimientos protestantes que se producen en el siglo XVI, es que bajo las ideologías religiosas se oculta un problema político importante, como la separación Iglesia-Estado o la tolerancia religiosa, que les impulsa a esa lucha protesta, que se repetirá igualmente en el siglo XVIII, pero esta vez, se intenta resolver el verdadero problema latente con soluciones políticas y no religiosas, como en el siglo XVI.

Es en Alcalá de Henares donde encontramos esos movimientos clandestinos que luchan por dicha reforma, y cómo se forman poco a poco los grupos a favor del protestantismo, los cuales, no desaparecen, sino que se renuevan de una época a otra. Es aquí donde se consiguen ver otros aspectos, como el modo de control inquisitorial concretamente en la Universidad de Alcalá de Henares y sus imprentas. Ese control también viene a reflejar el protestantismo existente, y además, la conexión del núcleo alcalaíno con otras áreas de protestantismo. Incluso, vemos cómo esa aureola de influencia varía entre la primera y la segunda mitad del siglo XVI. Como decíamos, lo realmente importante ha sido el haber podido mostrar lo que los procesos de fe en Alcalá de Henares reflejan, y el haber extraído de ellos toda la información con respecto al protestantismo, por ejemplo, cómo muchos de ellos expresaban sin tapujos su creencia, otros con más miedo eran delatados, y cómo en otros, donde no es tan clara su condición, sólo nos dan pistas con los libros que leían. Respecto a los libros protestantes censurados por la Inquisición, dependía mucho de la información que aportasen las fuentes. Todas estas obras publicadas en las imprentas de Alcalá de Henares, son conocidas gracias al trabajo de Martín Abad[1], el problema es que no en todos los procesos, especialmente los del siglo XVI, se les preguntan por las obras que leen o que poseen, no quieren o no saben contestar o simplemente, se da más importancia a las proposiciones luteranas que esos acusados hacían de modo oral, ya que la evangelización oral de la sociedad tenía casi más importancia. No ocurre lo mismo, como hemos visto, en el siglo XVIII, aquí si se da más importancia a los libros incautados, siendo esos libros prohi-

---

[1] MARTÍN ABAD, J. *La imprenta en Alcalá de Henares* (1502-1600), 3 vols. Madrid. Arco Libros. 1991

bidos el elemento más importante del proceso. Para poder intuir su posible relación con el protestantismo, ha sido inevitable la lectura de esas obras para extraer de ellas las proposiciones evangélicas. El problemas es, que al no tener las declaraciones de los acusados, jamás sabremos dónde los obtuvieron. También hay que decir, que mediante otras fuentes primarias encontradas, como las revisiones y listado a las bibliotecas, sí conocemos los libros que debían de ser retirados, y por tanto, si debían de ser retirados es porque se tenían en las estanterías. Esto también complementa la existencia de un interés en ciertas lecturas prohibidas, por su carácter heterodoxo, reformista o luterano, en Alcalá de Henares y en su Universidad.

Así, con todos los datos expuestos en la investigación, podemos estar bastante convencidos que Alcalá de Henares ha sido un núcleo fundamental de existencia y desarrollo de protestantismo durante la Edad Moderna.

Por otra parte, hemos aportado una investigación nueva dentro de la historia del protestantismo en España, un tema nuevo, nunca antes tratado, a pesar de que se sospechaba del mismo. Entre otros aspectos novedosos, aquí tratados, veíamos importante explicar la estrecha relación entre la Biblia Políglota y las biblias protestantes, analizamos también los cambios de época, y cómo los movimientos protestantes se van adaptando a los nuevos tiempos, cómo evoluciona el protestantismo como ideología, y muy importante, la comparación de los períodos del dieciséis y el dieciocho. Por ello, también era curioso examinar el origen de otras heterodoxias, sobre todo las de procedencia anglo-francesa en el siglo XVIII, y su vinculación antes y después con el protestantismo. Y por supuesto, aportamos la apertura de nuevos elementos interesantes que se pueden investigar, ya sea por ejemplo la influencia de este luteranismo español en la historia de la liturgia o la influencia de la heterodoxia en la literatura española, o el investigar cada uno de los procesos de modo individual y más profundo.

Finalmente decir, que los que realmente aportan algo son aquellos que hicieron y formaron parte de los hechos históricos. Sin ellos, sin la existencias de sus testimonios, todo ello estaría en el olvido. Con su presencia en los legajos los hechos quedan reflejados en la historia y es nuestro deber hacerse eco de ello y comunicarlo a otros investigadores y a la sociedad.

BIBLIOGRAFÍA

ALVAR, A. *La Universidad de Alcalá de Henares a principios del siglo XVI*. Alcalá de Henares. Universidad de Alcalá Servicio de Publicaciones, 1996.

ÁLVAREZ DE MORALES, A. «El jansenismo en España y su carácter de ideología revolucionaria». *Revista de História das Ideias*, vol. 10(1998) pp. 347-357

ANDRÉS MARTÍN, M. «Humanismo y Reforma española», Silva: *Estudios de humanismo y tradición clásica*, 1(2002) pp.35-56.

ATKINSON,J. *Lutero y el nacimiento del protestantismo*. Traducción de Ana de la Cámara. Madrid. Alianza Editorial. 1980

AZAÑA,E. *Historia de Alcalá de Henares*. Universidad de Alcalá de Henares.1882 [Edición facsímil. Banco Hispano Americano, Madrid, 1986]

BALLESTEROS TORRES, P. «Entradas y salidas de libros en bibliotecas de colegios de la Universidad de Alcalá (ss. XVI-XVII)», en *Actas del X encuentro de Historiadores del Valle del Henares. Institución de Estudios Complutenses en Fundación Marqués de Santillana y Centro de estudios Seguntinos* (2006), Ayuntamiento de Alcalá de Henares, pp. 203-235

BASTIÁN. J. P. «Problemas y métodos para la investigación de los protestantismos ibéricos en los siglos XIX y XX» . *Anales de Historia Contemporánea*, 17, (2001), pp. 21-34.

BATAILLÓN, M.. *Erasmo y España. Estudio sobre la Historia espiritual del siglo XVI*. Traducción de Antonio Alatorre. Madrid-México. Fondo de Cultura Económica, 1986

BERGUA CAVERO, J. *Francisco de Enzinas: un humanista reformado en la Europa de Carlos V*. Madrid. Trotta, 2006

BERNAL GÓMEZ,B.: «La política Universitaria del Cardenal Cisneros», en JIMÉNEZ MORENO, L. (Coord.) *La Universidad Complutense Cisneriana. Impulso filosófico, científico y literario. Siglos XVI y XVII*. Madrid. Editorial Complutense. 1996, pp. 33-45

BUENAVENTURA DELGADO CRIADO, M. *Historia de la Educación en España y América*. Vol. II. Madrid. Fundación Santa María. 1993

CLAVEL,F.T.B. *Historia de la Francmasonería*. Barcelona, Edicomunicación,1988

COMBS.W.W. «Erasmus and the Textus Receptus» *DBSJ*, 1 (Spring 1996) pp. 35-53 En: http://www.dbts.edu/journals/1996_1/ERASMUS.PDF (Consultado el 2/3/2014)

CONTRERAS,J.: «The impact of Protestantisme in Spain 1520-1600», en HALICZER, S. *Inquisition and Society in Early Modern Europe*. London. Croomhelm, 1987, pp. 47-63

DE LEÓN DE LA VEGA, M. *Los protestantes y la espiritualidad evangélica en la España del siglo XVI*. Tomos I y II. En: books.google.es/books?isbn=8461520653 (Consultado el 15/12/2013)

DELGADO CASADO, J. *Diccionarios de Impresores españoles (S.XV-XVII)* 2 vols. Madrid. Arco Libros,1996

DESIDERIUS, ERASMUS. *Paraphrasis in Evangelium Secundum Ioannem*. Alcalá de Henares. Miguel Eguía. 1525. [BNE, sign. R/25401[

— *In Evangelium Lucae paraphrasis*. Alcalá de Henares. Miguel Eguía.1525. [BNE R/204552(1)]

— *In Evangelium Matthai paraphrasi*. S.I:Sn;sa. [BNE, sign. 2/55943]

— *Paráfrasis según San Marcos*. Véase MARTÍN ABAD, J. La Imprenta en Alcalá de Henares (1502-1600), 3 vols. Madrid. Arco Libros. 1991, pp. 313-319

DÍAZ Y PÉREZ, N. *La francmasonería española. Ensayo histórico-crítico de la orden de los francmasones en España desde su origen hasta nuestros días*. Madrid. Estab. Tipográfico de Ricardo Fé. 1894

ENRÍQUEZ DE SALAMANCA, C. *Crónica de Alcalá de Henares*. Madrid. Instituto Nacional de Administración Pública, 1983

ENTRAMBASAGUAS, J. *Grandeza y decadencia de la Universidad Complutense*. Madrid. Imprenta Artiaga. 1972.

ENZINAS,F. *El nueuo testamento de nuestro redemptor y saluador Iesu Christo*. «Enveres en casa de Estevan Mierdmanno». 1543. [BNE, sign. U/8477] En: http://bdh-rd.bne.es/viewer.vm?id=0000043345&page=1 (Consultado el 4/2/2014)

ERASMO EN ESPAÑA: LA RECEPCIÓN DEL HUMANISMO EN EL PRIMER RENACIMIENTO ESPAÑOL. Escuelas Menores de la Universidad de Salamanca 26 de septiembre de 2002 - 6 de enero de 2003. Sociedad Estatal para la Acción Cultural Exterior, 2002

FERNÁNDEZ MAJOLERO, J. *Proceso inquisitorial a Rodrigo de Bivar «el mozo» clérigo de Santa María (1553-1554)*. Alcalá de Henares. Institución de Estudios Complutenses. 1989

FERNÁNDEZ MARCOS,N. *Filología bíblica y humanismo*. Madrid. CSIC.2012

FERRER BENIMELI, J.A. «El discurso masónico y la Inquisición en el paso del siglo XVIII al XIX». *Revista de la Inquisición*, 7, (1998) p. 269-282.

FOLEY,A. «El alumbradismo y sus posibles orígenes», *AIH, Actas VIII* (1983) pp. 527-532. En: http://cvc.cervantes.es/literatura/aih/pdf/08/aih_08_1_055.pdf (Consultado el 18/2/2014)

GARCÍA ORO, J. *Cisneros y la Reforma del clero español en tiempos de los Reyes Católicos*. Madrid. CSIC, 1971

— y PORTELA SILVA, MªJ. *Felipe II y los libreros. Actas de las visitas a las librerías del Reino de Castilla*. Madrid. Editorial Cisneros. 1997

— *Cisneros un cardenal reformista (1436-1517)*. Madrid. La esfera de los libros, 2005

GARCÍA RUÍZ,M. «Corrientes teológicas y sociológicas que han influido en el protestantismo español», *Anales de Historia Contemporánea*, 17, (2001), pp. 97-121

GIL FERNÁNDEZ, L. *Panorama Social del humanismo español (1500-1800)*. Madrid. Alhambra, 1981

GIL FERNÁNDEZ, J. "El erasmismo en España". *Torre de los Lujanes: Boletín de la Real Sociedad Económica Matritense de Amigos del País*,42, (2002), pp 211-234

GIL GARCÍA,A. « El declive institucional de la Universidad de Alcalá de Henares en el siglo XVII, a través de sus reformas» en RODRIGUEZ,L. (Coord): *Las Universidades Hispánicas; de la monarquía de los Austrias al centralismo liberal. San Pedro Bezares, vol 1*. Salamanca. V Congreso Internacional sobre Historia de las Universidades Hispánicas, 1998, pp. 244-260

GINZO FERNÁNDEZ,A. *El legado clásico*. Universidad de Alcalá. 2002

GÓMEZ DE CASTRO, A. *De las hazañas de Francisco Jiménez de Cisneros*, Alcalá,1569 [Edición facsímil. Fundación Universitaria Española, Clásicos olvidados 7. Madrid, 1984 Traducción y notas de José Oroz Reta]

GONZÁLEZ NAVARRO, R. «Felipe II y la imprenta en la Universidad de Alcalá»,en PINTO CRESPO,V. (Coord.): *Felipe II (1527-1598) Europa y la Monarquía Católica. vol.4*, Madrid. Parteluz, 1998, pp. 235-262.

— «Felipe II y la Reforma de las Universidades: El caso de Alcalá de Henares»,en RODRIGUEZ,L. (Coord): *Las Universidades Hispánicas; de la monarquía de los Austrias al centralismo liberal. San Pedro Bezares, vol 1*. Salamanca. V Congreso Internacional sobre Historia de las Universidades Hispánicas, 1998, pp. 289-312.

— *Felipe II y la Imprenta en Alcalá de Henares*. Universidad de Alcalá de Henares. 1998 . En: https://repositorio.uam.es/handle/10486/1474 (Consultado el 7/4/2014)

— *Felipe II y las reformas constitucionales de la Universidad de Alcalá de Henares*. Madrid. Sociedad Estatal para la conmemoración de los centenarios de Felipe II y Carlos V, 1999

GOÑI GAZTAMBIDE,J. «El impresor Miguel Eguía procesado por la Inquisición (1495-1546)» *Hispania Sacra: revista de historia eclesiástica, vol.1,nº1* (1948) pp. 35-88

— «La imagen de Lutero en España: Su evolución histórica». *Scripta Teológica 15*, 2, (1983), pp. 469-528.

GORDON RUPP,E. SAVILLE WATSON,PH. *Luther and Erasmus: Free Will and Salvation*. Lousville,Kentucky(EE.UU) Westminster John Knox press. 2006

GRIFFIN, C. *Oficiales de Imprenta, herejía e inquisición en la España del siglo XVI*. Traducción de Héctor Silva Mínguez. Madrid. Ollero y Ramos editores, 2009.

GUTIERREZ ZULOAGA, I. «Fundación y Estatutos de la Universidad Complutense», en: JIMÉNEZ MORENO,L. (Coord): *La Universidad Complutense Cisneriana. Impulso filosófico, científico y literario. Siglos. XVI y XVII*. Madrid. Editorial Complutense. 1996, pp. 63-85.

HAMILTON, A. *El proceso de Rodrigo de Bivar (1539)* Madrid. Fundación Universitaria Española. 1979

Índice ultimo de los libros prohibidos y mandados a expurgar. Para todos los reynos y señorios del católico rey de las Españas. El señor don Carlos IV. En la Imprenta de Don Antonio de Sancha. Madrid. MDCCXC. p.290 En: http://books.google.es/books?id=Mvs__S-60cAC&pg=PA291&lpg=PA291&dq=edicto+13+diciembre+de+1789&source=bl&ots=rgNl00EQgj&sig=ZnY-yUZuefOhkslkehC2RckPuwM&hl=es&sa=X&ei=KqcAVOGaL4i-WaubsgcAN&ved=0CDAQ6AEwBQ#v=onepage&q=edicto%2013%20diciembre%20de%201789&f=false (Consultado el 29/8/2014)

JIMÉNEZ,V. *Memorias para la Historia Eclesiástica del s. XVIII, Vol.3*. Imprenta de Don Miguel de Burgos, Madrid, 1834

KAGAN,R. *Universidad y Sociedad en la España Moderna*. Prólogo de José Antonio Maravall. Madrid. Tecnos. 1981

LONGHURST,J.E. *Luther's ghost in Spain*. Kansas. Lawerence. 1969

LUTZ, H. *Reforma y Contrarreforma*. Traducción de Antonio Sáez Arance. Madrid. Alianza Editorial, 1992

MAGANTO PAVÓN, E. *Cirugía y poesía o la vida del licenciado Juan de Vergara (1545-1620)* Universidad de Alcalá Servicio de publicaciones. 2012

MÁRQUEZ, A. «La Reforma Protestante en España (s. XVI-XVII). La Restauración Católica»,en FLICHE,M. *Historia de la Iglesia. Vol. XX*. Valencia. EDICEP,1976

MARTÍN ABAD, J. *La Imprenta en Alcalá de Henares (1502-1600)*, 3 vols. Madrid. Arco Libros. 1991

MENÉNDEZ PELAYO, M. *Historia de los heterodoxos españoles*. Madrid, 1880-1882[Edición facsímil, CSIC, 1992]

MONTENGÓN,P. *Eusebio*. Madrid,1786-1788 [Ed. preparada por Fernando García Lara. Editorial Nacional, Madrid, 1984]

MONTESQUIEU. Charles-Louis de Secondat. *Del espíritu de las leyes*. Ginebra, 1748 [Introducción Enrrique Tierno Galván. Traducción de Mercedes Blázquez y Pedro de Vega. Tecnos. Madrid, 1987]

ORTEGA CARMONA,A. «Interferencia y emulación entre las Universidades de Salamanca y Alcalá», en: JIMÉNEZ MORENO, L. (Coord) *La Universidad Complutense Cisneriana. Impulso filosófico, científico y literario. Siglos XVI y XVII*. Madrid. Editorial Complutense. 1996, pp. 113-127.

OXENSTIERRA,J.T.G. *El filósofo sueco y luterano desengañado*. Traducción de Monsieur Boona. Librería de Mons Symond, Puerta del Sol. 1745. [BNE, sign. 3/12273]

PASTORE,S. «Mujeres,lecturas y alumbradismo radical: Petronila de Lucena y Juan del Castillo». *Historia Social*, 57, (2007), pp. 51-73.

PÉREZ, J. *Humanismo en el Renacimiento Español*. Madrid. GADIR, 2013

PÉREZ VILLANUEVA, J, y ESCANDELL BONET, B. *Historia de la Inquisición en España y América. Vol.I, II y III*. Madrid. Centro de Estudios Inquisitoriales. Biblioteca de Autores Cristianos, 1984

PINTO CRESPO,V.: «Thought Control in Spain», en HALICZER, S. *Inquisition and Society in Early Modern Europe*. London. Croomhelm, 1987, pp.171-186

PREPARANDO LA BIBLIA POLÍGLOTA COMPLUTENSE: LOS LIBROS DEL SABER, Publicación con motivo de la exposición. Universidad Complutense de Madrid.2013

QUEVEDO,F. *Defensa de Epicuro contra la común opinión*. Madrid,1635 [Edición de Eduardo Acosta Méndez. Tecnos. Madrid 1986]

RAMÓN Y CAJAL, S. *Reglas y consejos sobre investigación científica. Los tónicos de la voluntad.* Herederos de Santiago Ramón y Cajal. 1898 [Edición proyecto Territorio Museo del Prepirineo, Espasa Calpe, Madrid, 2000]p. 101

RIFF, A.D. «Fuentes textuales de la Biblia Reina-Valera». *Sociedad Bíblica Trinitaria.* Trabajo de revisión. p.1-6 En: http://www.sociedadbiblicatrinitaria.org/Fuentes_textuales_RV.pdf http://www.sociedadbiblicatrinitaria.org/articulos.html (consultados el 8/03/2014)

ROMERO TABARES, I. «El pensamiento erasmista. Su aportación a la cultura y sociedad españolas del siglo XVI». *Cuadernos sobre Vico*,4,(1994),pp. 149-166.

RUIZ ALEMÁN,J. «Las relaciones Iglesia-Estado en los orígenes de la España Contemporánea». *Anales de Historia Contemporánea*, vol.2(1983)pp.7-28

SÁENZ-BADILLOS,A. «La Biblia Políglota Complutense»en: JIMÉNEZ MORENO, L.(coord) *La Universidad Complutense Cisneriana. Impulso filosófico, científico y literario. Siglos XVI y XVII.* Madrid. Editorial Complutense. 1996, pp. 137-155.

SANTIAGO OTERO,H. «En torno a los alumbrados del reino de Toledo»,*Salmanticensis*,2, (1955) pp. 614-654

SANTONJA,P. «Las doctrinas de los alumbrados españoles y sus posibles fuentes medievales». DICENDA, *Cuadernos de Filología Hispánica.* 18 (2000) pp. 353-392.

En: http://revistas.ucm.es/index.php/DICE/article/view/DICE0000110353A/12606 (Consultado el 5/2/2014)

SELKE DE SÁNCHEZ, A. «Vida y muerte de Juan López de Celaín. Alumbrado vizcaíno», *Bulletin Hispanique*,tomo 62,nº2, (1960) pp.136-162

TELLECHEA IDIGORAS, J. I. *Tiempos recios. Inquisición y heterodoxia.* Prólogo de Marcel Bataillón. Salamanca. Ediciones Sígueme, 1977

THOMAS,W. «Los flamencos en la Península Ibérica a través de los documentos inquisitoriales (siglo XVI- XVII)» *Espacio, Tiempo y Forma. Revista de la Facultad de Geografía e Historia de la UNED* 4ªserie,3, (1990), pp.167-195.

— *La Represión del protestantismo en España 1517-1648*. Belgium. Leuven University Press, 2001.

VAN DER GRIP, K. «Investigando la Historia del protestantismo ibérico: balance bibliográfico». *Anales de Historia Contemporánea*, 17, (2001) pp. 37-52

VIEJO YHARRASARRY,J y PORTILLO VALDÉS, J. «Un buen amor propio. Aceptación católica de una sociedad comercial en la monarquía hispánica del siglo XVIII». *Espacio, Tiempo y Forma . Revista de la Facultad de Geografía de la UNED*, IV (2013), pp. 1-15

WEBGRAFÍA

http://www.todolibroantiguo.es/libros-raros/biblia-poliglota-complutense-cardenal-cisneros.html (Consultado el 22/2/2014)

http://www.uned.es/dpto-hdi/museovirtualhistoriamasoneria/ (Consultado el 3/9/2014)

FUENTES

ARCHIVO HISTÓRICO NACIONAL (A.H.N)

- AHN. Tribunal de la Inquisición de Toledo. Inquisición 111, exp.14. *Proceso de fe de Petronila Lucena, hermana de Gaspar de Lucena, ambos vecinos de Alcalá de Henares, por luteranismo.* 1534-1535

- AHN. Tribunal de la Inquisición de Toledo. Inquisición 234,exp.27. *Proceso de fe de los sacristanes Pedro Garnica, natural de Cuenca y estudiante en la Universidad de Alcalá, Pedro López, natural de Cobeta, y Hernando Campanero, vecinos de Alcalá de Henares por despedazar un mandamiento de la Inquisición de forma involuntaria en una porfía que tuvieron en la sacristía de la Iglesia de Santa María de Alcalá de Henares. 1566*

- AHN. Tribunal de la Inquisición de Toledo, Inquisición 81,exp. 11. *Proceso de fe de Juan de Vergara, hijo de Cristobal de Vergara, vecino de Alcalá de Henares por fautoría al encubrir herejes. 1464*

- AHN. Tribunal de la Inquisición de Toledo. Inquisición 112,exp.10. *Proceso de fe de Rafaél Roca, pintor natural de Piamonte (Italia) estante en Alcalá de Henares(Madrid) por luterano.* 1571-1572

- AHN. Tribunal de la Inquisición de Toledo. Inquisición 213, exp. 7. *Proceso de fe de Rodrigo de Bivar .* 1539-1540

- AHN. Tribunal de la Inquisición de Toledo. Inquisición 213,exp.8 . *Proceso de fe de Rodrigo de Bivar «el mozo» vecino de Alcalá de Henares. 1554*

- AHN. Inquisición,MPD,341. *Edicto del Inquisidor general Fernando de Valdés.1554*
- AHN. Universidades. L.419. *Libros del claustro de la facultad de teología. 1564-1582*
- AHN. Tribunal de la Inquisición de Toledo. Inquisición, 190, exp.35 . *Proceso de fe de Ventura Tajonera, cursante de leyes en Alcalá de Henares. Acusado de retener el libro El filósofo sueco y luterano. 1796*
- AHN. Tribunal de la Inquisición de Toledo. Inquisición, 190, exp.27. *Proceso de fe de Antonio Parra,residente en Alcalá de Henares,y José Valiente,vecino de Manzanares, catedrático de Matemáticas, por retención de libros. 1801*
- AHN. Tribunal de la Inquisición de Toledo. Inquisición, 190, exp.39. *Proceso de fe contra Ángel Celedorio Prieto y Cristobal Oliva por retención de libros. 1798-1802*
- AHN. Tribunal de la Inquisición de Toledo. Inquisición, 190, exp.28. *Proceso de fe contra unos estudiantes de leyes en Alcalá. 1800-1802*
- AHN. Tribunal de la Inquisición de Toledo. Inquisición, 190, exp.10. *Proceso de fe contra Francisco Antonio González, vecino del casar de Talamanca, y cursante de teología en Alcalá de Henares, por retener libros prohibidos. 1804*
- AHN. Tribunal de la Inquisición de Toledo. Inquisición, 190, exp. 1. *Proceso de fe de Graciliano Alfonso,catedrático que fue de la Universidad de Alcalá de Henares, y después canonigo doctoral en Cananrias, por proposiciones, leer y retener libros prohibidos. 1815*

BIBLIOTECA NACIONAL DE ESPAÑA (BNE).

- BNE. Oviedo,Juan de Fl. Papeles relativos a la Universidad. Hoja 114-116 *Provisión de los inquisidores de Toledo para que la facultad de Teología nombre 6 doctores para visitar las librerías y nombramiento de los mismos. 1561.*

REAL ACADEMIA DE LA HISTORIA (RAH)

- RAH. Colección de autógrafos del Marqués de San Roman. Carta Manuscrito caja 6 n°26. *8 Octubre de 1530 Roma a Carlos I Rey de España.*

ARCHIVO HISTÓRICO MUNICIPAL
DE ALCALÁ DE HENARES (A.H.M.A.H)

- AHMAH. Universidades, Colegios mayores y menores. Leg.1481/14. *Confirmación por bula de Clemente VIII de la orden de hacer pruebas de limpieza de de sangre a los colegiales de San Ildefonso.*1600
- AHMAH. Universidades, Colegios mayores y menores. Real Decreto de 1725, *Cinco decretos de Felipe V sobre la Universidad de Alcalá.* leg.1481/17